本書係「敦煌文獻系統性保護整理出版工程」項目成果

二〇二一—二〇三五年國家古籍工作規劃重點出版項目

「十四五」國家重點出版物出版規劃項目

國家古籍整理出版專項經費資助項目

中國國家圖書館藏敦煌文獻

中國國家圖書館 編

第三〇册

BD00413～BD00426

國家圖書館出版社

DUNHUANG MANUSCRIPTS IN THE NATIONAL LIBRARY OF CHINA

030

BD00413 ~ BD00426

compiled by the

National Library of China

National Library of China Publishing House

凡例

一　本書刊布中國國家圖書館藏敦煌文獻，以館藏編號爲序編排。

二　館藏編號采用「BD+流水號」格式，如 BD00001, BD16579 等。背面在編號後加 v 表示。一個編號包含多件文獻者，編號後分別綴以字母 A, B, C 等。一件文獻含有多個内容者，以數字 -1, -2, -3 等標明順序。

三　圖版有縮印或放大處另加説明，尺寸超出本書幅面的以摺葉形式呈現。

四　卷軸裝、梵夾裝、經摺裝等裝幀形制的敦煌文獻，各附外觀圖像。

五　每件文獻依次呈現外觀、正面、背面等。背面僅刊布有文字、圖像或其他要素的圖版，而略去素紙部分，背面圖版同樣以從右到左順序編排。凡有外題者，遵從以上原則。

六　除個别特殊情况外，爲保證閲讀連貫、流暢，圖版儘量通欄呈現。

七　各葉上方附該件文獻全圖，以高亮形式顯示本葉大圖在全卷中的位置。部分長卷文獻全圖衹能分多段呈現時，在上段末以‹符標示下段接續。卷尾内容不足一葉時，文獻全圖使用該圖卷尾部分，亦以‹符標示。背面圖版文字與正面文字方向相反時，文獻全圖按原貌顯示，正文翻轉呈現，以便閲讀研究，用◎符標示。

八　文獻題名大體沿用中國國家圖書館此前所編多部敦煌文獻目録的考證，部分吸收學界最新研究成果略作調整和完善。文獻題名綜合參考原卷首題、尾題、外題確定，如原卷題名與該文獻正式名稱不同，則采用正式名稱；無題名者，或比定題名，或擬定新名。非漢文文獻在題名前標注語種。有分卷不同等其他情况者，括注於文獻名稱後。

九　本書著録使用通行繁體字，涉及原文中的人名、地名等，必要時保留原字形。

About this publication

1. The documents are presented in shelfmark order.
2. The shelfmarks are in the form BD plus a running number, eg. BD00001, BD16579, &c. If a given shelfmark contains multiple documents, these are distinguished by the letters A, B, C, &c. If a document has multiple contents, they are distinguished by the numbering 1, 2, 3, &c. The verso side of an item is indicated by the letter v.
3. If it has been necessary to reduce or enlarge the size of an illustration, the dimensions are indicated. If the size of an illustration exceeds the size of the book, a folding sheet is used.
4. If the document is a scroll, a folded sutra, or has a stitched binding, a picture of the whole object is provided to show its external appearance.
5. The cover, front, and back of each document are reproduced in sequence. The back of a document is only reproduced if it contains text, illustrations, or other markings, and it is oriented from right to left. If it is blank it is not reproduced.
6. Except in a few special cases, the lines of text are reproduced unbroken to make them coherent and easier to read.
7. An illustration of the complete document is reproduced at the top of each page, and the section where the main illustration appears is highlighted in order to indicate its position. If it has only been possible to reproduce a long scroll in sections, the direction symbol has been used to indicate where one illustration ends and the next one begins. If the end of the scroll occupies less than one page, the direction symbol is used to indicate its position in the illustration of the complete document. If the text on the back of the document has a different orientation from the text on the front, it is reproduced as it is, but is also rotated (indicated with the rotation symbol) so that it can be read easily.
8. The titles of the documents generally conform with those already established by the Library, but in some cases have been amended by drawing on the most recent scholarly research. The titles are derived firstly from the beginning of the text, then from the end of the text, and lastly from the cover. If the title of a document differs from its authoritative form, the authoritative form is used; and if a document has no title, one is either supplied by comparison with similar documents, or a new one is devised. If the document is not in Chinese, its language is indicated before the title. If the number of juan is different from that of the authoritative version, or if there are other irregularities, this is noted.
9. The documents in the book are in traditional Chinese characters. Where the title contains personal or place names, the original characters used for these names are retained.

(Translated by David Helliwell)

第三〇册目録

BD00413 妙法蓮華經卷四

（後秦）鳩摩羅什 譯

887.5cm × 27cm

如是故獲斯記阿難面於佛前自聞授記及
國土莊嚴所願具足心大歡喜得未曾有即
時憶念過去無量千万億諸佛法藏通達无
礙如今所聞亦識本願尒時阿難而說偈言
世尊甚希有　令我念過去　无量諸佛法　如今日所聞
我今無復疑　安住於佛道　方便為侍者　護持諸佛法
尒時佛告羅睺羅汝於來世當得作佛号蹈
七寶華如來應供正遍知明行足善逝世間
解无上士調御丈夫天人師佛世尊當供養
十世界微塵等數諸佛如來常為諸佛而作
長子猶如今也是蹈七寶華佛國土莊嚴壽命
劫數所化弟子正法像法亦如山海慧自
在通王如來無異亦為此佛而作長子過是

三

已後當得阿耨多羅三藐三菩提尒時世尊
欲重宣此義而說偈言
我為太子時　羅睺為長子　我今成佛道　受法為法子
於未來世中　見無量億佛　皆為其長子　一心求佛道
羅睺羅密行　唯我能知之　現為我長子　以示諸衆生
無量億千万　功德不可數　安住於佛法　以求無上道
尒時世尊見學無學二千人其意柔軟寂然
清淨一心觀佛佛告阿難汝見是學無學二
千人不唯然已見阿難是諸人等當供養五
十世界微塵數諸佛如來恭敬尊重護持法
藏末後同時於十方國各得成佛皆同一号
名曰寶相如來應供正遍知明行足善逝世
間解無上士調御丈夫天人佛世尊壽命
一劫國土莊嚴聲聞菩薩正法像法皆悉同

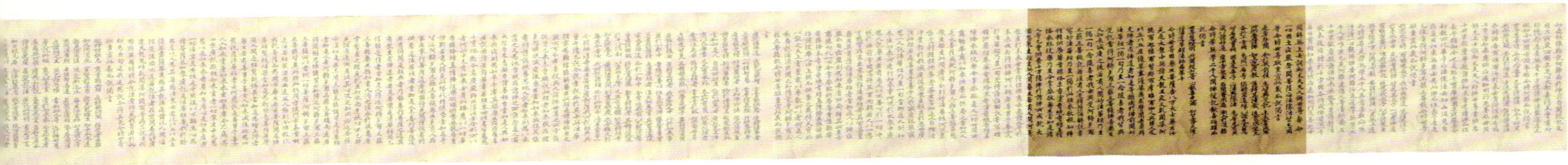

聞解無上士調御丈夫天人佛世尊壽命
一切國土莊嚴聲聞菩薩正法像法皆悉同
等尒時世尊欲重宣此義而說偈言
是二千聲聞　今於我前住　悉皆與受記　未來當成佛
所供養諸佛　如上說塵數　護持其法藏　後當成正覺
各於十方國　悉同一名号　俱時坐道場　以證无上慧
皆名為寶相　國土及弟子　正法與像法　悉等无有異
咸以諸神通　度十方衆生　名聞普周遍　漸入於涅槃
尒時學無學二千人聞佛授記歡喜踊躍而
說偈言
世尊慧燈明　我聞授記音　心歡喜充滿　如甘露見灌
妙法蓮華經法師品第十
尒時世尊因藥王菩薩告八万大士藥王女

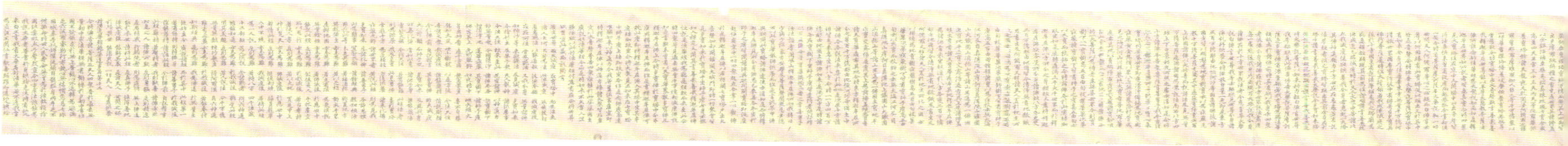

見是大衆中無諸天龍王夜叉乾闥婆阿
脩羅迦樓羅緊那羅摩睺羅伽人與非人及
比丘比丘尼優婆塞優婆夷求聲聞者求辟
支佛者求佛道者如是等類咸於佛前聞妙
法華經一偈一句乃至一念随喜者我皆與
受記當得阿耨多羅三藐三菩提佛告藥王
又如来滅度之後若有人聞妙法華經乃至
一偈一句一念随喜者我亦與受阿耨多羅
三藐三菩提記若復有人受持讀誦解說書
冩妙法華經乃至一偈於此經巻敬視如佛
種種供養華香瓔珞末香塗香燒香繒蓋幢
幡衣服伎樂乃至合掌恭敬藥王當知是諸
人等已曾供養十万億佛於諸佛所成就大
願愍衆生故生此人間藥王若有人問何等

BD00413　妙法蓮華經卷四

願愍衆生故生此人間藥王若有人問何等
衆生於未來世當得作佛應示是諸人等於
未來世必得作佛何以故若善男子善女人
於法華經乃至一句受持讀誦解説書寫種
種供養經卷華香瓔珞末香塗香燒香繒蓋
幢幡衣服伎樂合掌恭敬是人一切世間所
應瞻奉應以如來供養而供養之當知此人
是大菩薩成就阿耨多羅三藐三菩提哀愍
衆生願生此間廣演分別妙法華經何況盡
能受持種種供養者藥王當知是人自捨清
淨業報於我滅度後愍衆生故生於惡世廣
演此經若是善男子善女人我滅度後能竊
爲一人説法華經乃至一句當知是人則

来使如来所遣行如来事何况於大衆中廣
為人説藥王若有悪人以不善心於一劫中
現於佛前常毀罵佛其罪尚輕若人以一悪
言毀呰在家出家讀誦法華經者其罪甚重
藥王其有讀誦法華經者當知是人以佛莊
嚴而自莊嚴則為如来肩所荷擔其所至方
應随向礼一心合掌恭敬供養尊重讃歎華
香瓔珞末香塗香焼香繒蓋幢幡衣服餚饌
作諸伎樂人中上供而供養之應持天寶而
以散之天上寶聚應以奉獻所以者何是人
歡喜説法須臾聞之即得究竟阿耨多羅三
藐三菩提故尒時世尊欲重宣此義而説偈
言
若欲住佛道　成就自然智　常當勤供養　受持法華者

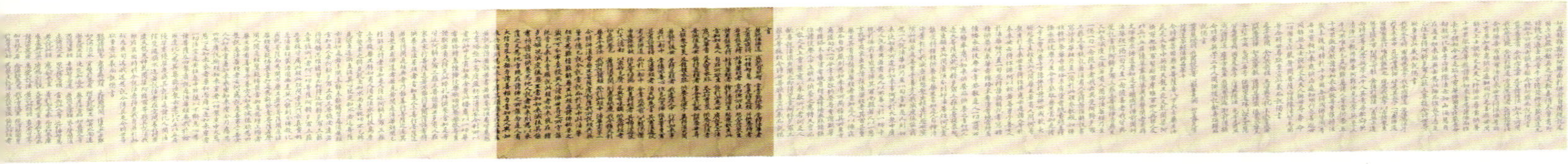

言
若欲住佛道　成就自然智　常當勤供養　受持法華者
其有欲疾得　一切種智慧　當受持是經　并供養持者
若有能受持　妙法華經者　當知佛所使　愍念諸衆生
諸有能受持　妙法華經者　捨於清淨土　愍衆故生此
當知如是人　自在所欲生　能於此惡世　廣說无上法
應以天華香　及天寶衣服　天上妙寶聚　供養說法者
吾滅後惡世　能持是經者　當合掌禮敬　如供養世尊
上饌衆甘美　及種種衣服　供養是佛子　冀得須臾聞
若能於後世　受持是經者　我遣在人中　行於如來事
若於一劫中　常懷不善心　作色而罵佛　獲无量重罪
其有誦讀持　是法華經者　須臾加惡言　其罪復過彼
有人求佛道　而於一劫中　合掌在我前　以无數偈讚

由是讚佛故　得無量功德　歎美持經者　其福復過彼
於十八億劫　以最妙色聲　及與香味觸　供養持經者
如是供養已　若得須臾聞　則應自欣慶　我今獲大利
藥王今告汝　我所說諸經　而於此經中　法華最第一
尒時佛復告藥王菩薩摩訶薩我所說經典無
量千億已說今說當說而於其中此法華
經最為難信難解藥王此經是諸佛秘要之
藏不可分布妄授與人諸佛世尊之所守護
從昔已來未曾顯說此經者如來現在猶
多怨嫉況滅度後藥王當知如來滅後其能
書持讀誦供養為他人說者如來則為以衣
覆之又為他方現在諸佛之所護念是人有
大信力及志願力諸善根力當知是人與如
來共宿則為如來手摩其頭藥王在在處處

大信力及志願力諸善根力當知是人與如
来共宿則為如来手摩其頭藥王在在處處
若說若讀若誦若書若經卷所住處皆應起
七寶塔極令高廣嚴飾不須復安舍利所以
者何此中已有如来全身此塔應以一切華
香瓔珞繒蓋幢幡伎樂歌頌供養恭敬尊重
讚歎若有人得見此塔礼拜供養當知是等
皆近阿耨多羅三藐三菩提藥王多有人在
家出家行菩薩道若不能得見聞讀誦書持
供養是法華經者當知是人未善行菩薩道
若有得聞是經典者乃能善行菩薩之道其
有衆生求佛道者若見若聞是法華經聞已
信解受持者當知是人得近阿耨多羅三藐

三菩提藥王譬如有人渴乏須水於彼高原
穿鑿求之猶見乾土知水尚遠施功不已轉
見濕土遂漸至泥其心決定知水必近菩薩
亦復如是若未聞未解未能修習是法華經
當知是人去阿耨多羅三藐三菩提尚遠若
得聞解思惟修習必知得近阿耨多羅三藐
三菩提所以者何一切菩薩阿耨多羅三藐
三菩提皆屬此經此經開方便門示真實相
是法華經藏深固幽遠無人能到今佛教化
成就菩薩而為開示藥王若有菩薩聞是法
華經驚疑怖畏當知是為新發意菩薩若聲
聞人聞是經驚疑怖畏當知是為增上慢者
藥王若有善男子善女人如來滅後欲為四
眾說是法華經者云何應說是善男子善女

聞人聞是經驚疑怖畏當知是為增上慢者
藥王若有善男子善女人如來滅後欲為四
眾說是法華經者云何應說是善男子善女
人入如來室著如來衣坐如來座尒乃應為
四眾廣說斯經如來室者一切眾生中大慈
悲心是如來衣者柔和忍辱心是如來座者
一切法空是安住是中然後以不懈怠心為
諸菩薩及四眾廣說是法華經藥王我於餘
國遣化人為其集聽法眾亦遣化比丘比丘尼
優婆塞優婆夷聽其說法是諸化人聞法
信受隨順不逆若說法者在空閑處我時廣
遣天龍鬼神乾闥婆阿脩羅等聽其說法我
雖在異國時時令說法者得見我身若於此
經忘失句逗我還為說令得具足尒時世尊

欲捨諸懈怠　應當聽此經　是經難得聞　信受者亦難
如人渴須水　穿鑿於高原　猶見乾燥土　知去水尚遠
漸見濕土泥　決定知近水　藥王汝當知　如是諸人等
不聞法華經　去佛智甚遠　若聞是深經　決了聲聞法
是諸經之王　聞已諦思惟　當知此人等　近於佛智慧
若人說此經　應入如來室　著於如來衣　而坐如來座
處眾無所畏　廣為分別說　大慈悲為室　柔和忍辱衣
諸法空為座　處此為說法　若說此經時　有人惡口罵
加刀杖瓦石　念佛故應忍　我千萬億土　現淨堅固身
於無量億劫　為眾生說法　若我滅度後　能說此經者
我遣化四眾　比丘比丘尼　及清信士女　供養於法師
引導諸眾生　集之令聽法　若人欲加惡　刀杖及瓦石

我遣化四眾　比丘比丘尼　及清信士女　供養於法師
引導諸眾生　集之令聽法　若人欲加惡　刀杖及瓦石
則遣變化人　為之作衛護　若說法之人　獨在空閑處
寂寞無人聲　誦讀此經典　我爾時為現　清淨光明身
若忘失章句　為說令通利　若人具是德　或為四眾說
空處誦讀經　皆得見我身　若人在空閑　我遣天龍王
夜叉鬼神等　為作聽法眾　是人樂說法　分別無罣礙
諸佛護念故　能令大眾喜　若親近法師　速得菩薩道
隨順是師學　得見恒沙佛

妙法蓮華經見寶塔品第十一

爾時佛前有七寶塔　高五百由旬　縱廣二百
五十由旬　從地踊出　住在空中　種種寶物而
莊校之　五千欄楯　龕室千万　無數幢幡以為
嚴飾　垂寶瓔珞　寶鈴万億而懸其上　四面皆出

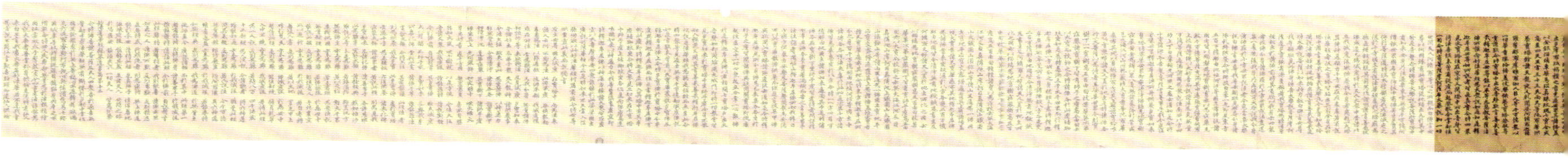

出多摩羅跋栴檀之香充遍世界其諸幡蓋
以金銀琉璃車𤦲馬瑙真珠玫瑰七寶合成
高至四天王宮三十三天雨天曼陁羅華供
養寶塔餘諸天龍夜叉乹闥婆阿脩羅迦樓
羅緊那羅摩睺羅伽人非人等千万億衆以
一切華香瓔珞幡蓋伎樂供養寶塔恭敬尊
重讚歎尒時寶塔中出大音聲歎言善哉善
哉釋迦牟尼世尊能以平等大慧教菩薩法
佛所護念妙法華經為大衆說如是如是釋
迦牟尼世尊如所說者皆是真實尒時四衆
見大寶塔住在空中又聞塔中所出音聲皆
得法喜怪未曾有從座而起恭敬合掌却住
一面尒時有菩薩摩訶薩名大樂說知一切

得法喜怪未曾有從座而起恭敬合掌却住
一面尒時有菩薩摩訶薩名大樂說知一切
世間天人阿脩羅等心之所疑而白佛言世
尊以何因緣有此寶塔從地踊出又於其中
發是音聲尒時佛告大樂說菩薩此寶塔中
有如來全身乃往過去東方無量千万億阿
僧祇世界國名寶淨彼中有佛号曰多寶其
佛行菩薩道時作大誓願若我成佛滅度之
後於十方國土有說法華經處我之塔廟為
聽是經故踊現其前為作證明讚言善哉彼
佛成道已臨滅度時於天人大衆中告諸比
丘我滅度後欲供養我全身者應起一大塔
其佛神通願力十方世界在在處處若有說
法華經者彼之寶塔皆踊出其前全身在於

塔中讚言善哉善哉大樂說今多寶如來塔
聞說法華經故從地踊出讚言善哉善哉是
時大樂說菩薩以如來神力故白佛言世尊
我等願欲見此佛身佛告大樂說菩薩摩訶
薩是多寶佛有深重願若我寶塔為聽法華
經故出於諸佛前時其有欲以我身示四眾
者彼佛分身諸佛在於十方世界說法盡還
集一處然後我身乃出現耳大樂說我分身
諸佛在於十方世界說法者今應當集大樂
說白佛言世尊我等亦願欲見世尊分身諸
佛礼拜供養尒時佛放白毫一光即見東方
五百万億那由他恒河沙等國土諸佛彼諸
國土皆以頗梨為地寶樹寶衣以為莊嚴无
數千万億菩薩充滿其中遍張寶幔寶網羅

五百万億那由他恒河沙等國土諸佛彼諸
國土皆以頗梨為地寶樹寶衣以為莊嚴无
數千万億菩薩充滿其中遍張寶幔寶網羅
上彼國諸佛以大妙音而說諸法及見無量
万億菩薩遍滿諸國為衆說法南西北方四
維上下白毫相光所照之處亦復如是尒時
十方諸佛各告衆菩薩言善男子我今應往
娑婆世界釋迦牟尼佛所并供養多寶如来
寶塔時娑婆世界即變清淨瑠璃為地寶樹
莊嚴黃金為繩以界八道無諸聚落村營成
邑大海江河山川林藪燒大寶香曼陀羅華
遍布其地以寶網幔羅覆其上懸諸寶鈴唯
留此會衆移諸天人置於他土是時諸佛各
將一大菩薩以為侍者至娑婆世界各到寶

[illegible]一一寶樹高五百由旬枝葉華菓次第
莊嚴諸寶樹下皆有師子之座高五由旬亦
以大寶而校飾之尒時諸佛各於此座結跏
趺坐如是展轉遍滿三千大千世界而於釋
迦牟尼佛一方所分之身猶故未盡時釋迦
牟尼佛欲容受所分身諸佛故八方各更變
二百万億那由他國皆令清淨無有地獄餓
鬼畜生及阿脩羅又移諸天人置於他土所
化之國亦以瑠璃為地寶樹莊嚴樹高五百
由旬枝葉華菓次第嚴飾樹下皆有寶師子
座高五百由旬種種諸寶以為莊校亦無大海
江河及目真隣陁山摩訶目真隣陁山鐵圍
山大鐵圍山須弥山等諸山王通為一佛國

江河及目真陁山摩訶目真陁山鐵圍
山大鐵圍山須弥山等諸山王通爲一佛國
土寶地平正寶交露幔遍覆其上懸諸幡蓋
燒大寶香諸天寶華遍布其地釋迦牟尼佛
爲諸佛當来坐故復於八方各變二百万億
那由他國皆令清淨無有地獄餓鬼畜生及
阿脩羅又移諸天人置於他土所化之國亦
以瑠璃爲地寶樹莊嚴樹高五百由旬枝葉
華菓次第莊嚴樹下皆有寶師子座高五由
旬亦以大寶而校飾之亦無大海江河及目
真隣陁山摩訶目真隣陁山鐵圍山大鐵圍
山須弥山等諸山王通爲一佛國土寶地平
正寶交露幔遍覆其上懸諸幡蓋燒大寶香
諸天寶華遍布其地尒時東方釋迦牟尼所

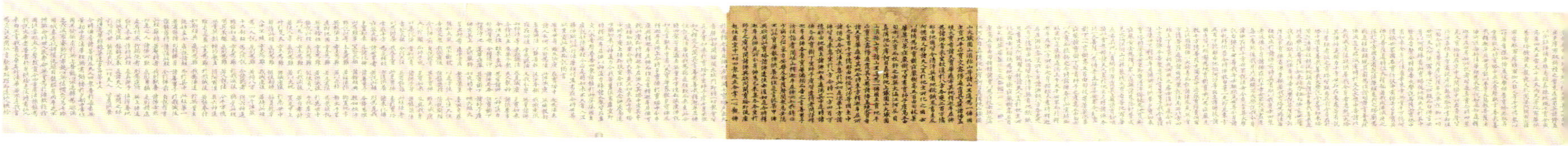

分之身百千万億那由他恒河沙等國土中
諸佛各各說法来集於此如是次第十方諸
佛皆悉来集坐於八方尒時一一方四百万
億那由他國土諸佛如来遍滿其中是時諸
佛各在寶樹下坐師子座皆遣侍者問訊釋
迦牟尼佛各賫寶華滿掬而告之言善男子
汝往詣耆闍崛山釋迦牟尼佛所如我辭曰
少病少惱氣力安樂及菩薩聲聞衆悉安隱
不以此寶華散佛供養而作是言彼某甲佛
與欲開此寶塔諸佛遣使亦復如是尒時釋
迦牟尼佛見所分身佛悉已来集各各坐於
師子之座皆聞諸佛與欲同開寶塔即從座
起住虛空中一切四衆起立合掌一心觀佛

起住虛空中一切四衆起立合掌一心觀佛
於是釋迦牟尼佛以右指開七寶塔戶出大
音聲如却關鑰開大城門即時一切衆會皆
見多寶如來於寶塔中坐師子座全身不散
如入禪定又聞其言善哉善哉釋迦牟尼佛
快說是法華經我爲聽是經故而來至此尒
時四衆等見過去無量千万億劫滅度佛說
如是言歎未曾有以天寶華聚散多寶佛及
釋迦牟尼佛上尒時多寶佛於寶塔中分半
座與釋迦牟尼佛而作是言釋迦牟尼佛可
就此座即時釋迦牟尼佛入其塔中坐其半
座結跏趺坐尒時大衆見二如來在七寶塔
師子座上結跏趺坐各作是念佛座高遠

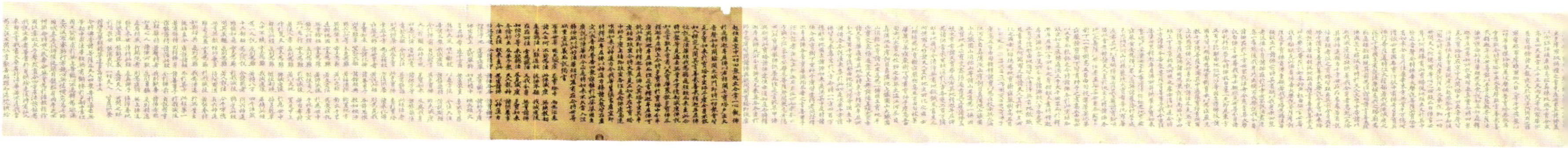

唯願如來以神通力令我等輩俱處虛空即
時釋迦牟尼佛以神通力接諸大眾皆在虛
空以大音聲普告四眾誰能於此娑婆國土
廣說妙法華經今正是時如來不久當入涅
槃佛欲以此妙法華經付囑有在尒時世尊
欲重宣此義而說偈言
聖主世尊　雖久滅度　在寶塔中　尚為法來
諸人云何　不勤為法　此佛滅度　無央數劫
處處聽法　以難遇故　彼佛本願　我滅度後
在在所往　常為聽法　又我分身　無量諸佛
如恒沙等　來欲聽法　及見滅度　多寶如來
各捨妙土　及弟子眾　天人龍神　諸供養事
令法久住　故來至此　為坐諸佛　以神通力
移無量眾　令國清淨　諸佛各各　詣寶樹下

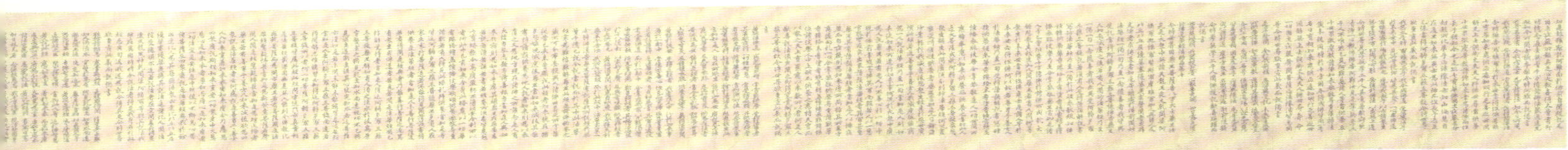

令法久住 故來至此 為坐諸佛 以神通力
移無量眾 令國清淨 諸佛各各 詣寶樹下
如清淨池 蓮華莊嚴 其寶樹下 諸師子座
佛坐其上 光明嚴飾 如夜暗中 燃大炬火
身出妙香 遍十方國 眾生蒙薰 喜不自勝
譬如大風 吹小樹枝 以是方便 令法久住
告諸大眾 我滅度後 誰能護持 讀說斯經
今於佛前 自說誓言 其多寶佛 雖久滅度
以大誓願 而師子吼 多寶如來 及與我身
所集化佛 當知此意 諸佛子等 誰能護法
當發大願 令得久住 其有能護 此經法者
則為供養 我及多寶 此多寶佛 處於寶塔
常遊十方 為是經故 亦復供養 諸來化佛

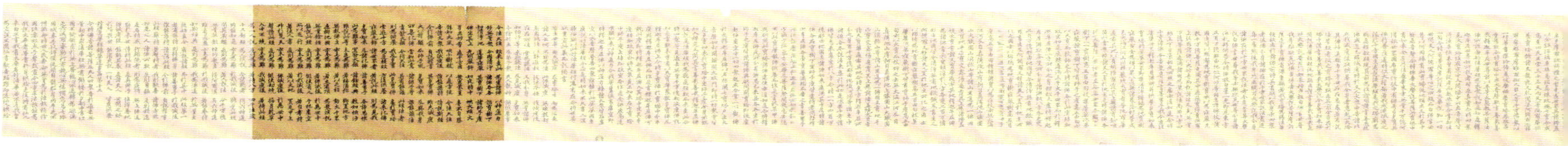

莊嚴光飾　諸世界者　若說此經　則為見我
多寶如來　及諸化佛　諸善男子　各諦思惟
此為難事　宜發大願　諸餘經典　數如恒沙
雖說此等　未足為難　若接須彌　擲置他方
無數佛土　亦未為難　若以足指　動大千界
遠擲他國　亦未為難　若立有頂　為衆演說
無量餘經　亦未為難　若佛滅後　於惡世中
能說此經　是則為難　假使有人　手把虛空
而以遊行　亦未為難　於我滅後　若自書持
若使人書　是則為難　若以大地　置足甲上
昇於梵天　亦未為難　佛滅度後　於惡世中
暫讀此經　是則為難　假使劫燒　擔負乾草
入中不燒　亦未為難　我滅度後　若持此經
為一人說　是則為難　若持八万　四千法藏

入中不燒　亦未為難　我滅度後　若持此經
為一人說　是則為難　若持八万　四千法藏
十二部經　為人演說　令諸聽者　得六神通
雖能如是　亦未為難　於我滅後　聽受此經
問其義趣　是則為難　若人說法　令千万億
無量無數　恒沙衆生　得阿羅漢　具六神通
雖有是益　亦未為難　於我滅後　若能奉持
如斯經典　是則為難　我為佛道　於無量土
從始至今　廣說諸經　而於其中　此經第一
若有能持　則持佛身　諸善男子　於我滅後
誰能護持　讀誦此經　今於佛前　自說誓言
此經難持　若暫持者　我則歡喜　諸佛亦然
如是之人　諸佛所歎　是則勇猛　是則精進

是名持戒 行頭陀者 則為疾得 無上佛道
能於來世 讀持此經 是真佛子 住淳善地
佛滅度後 能解其義 是諸天人 世間之眼
於恐畏世 能須臾說 一切天人 皆應供養

妙法蓮華經提婆達多品第十二

尒時佛告諸菩薩及天人四衆吾於過去無量劫中求法華經無有懈惓於多劫中常作國王發願求於無上菩提心不退轉為欲滿足六波羅蜜勤行布施心無恡惜象馬七珎國城妻子奴婢僕從頭目髓腦身肉手足不惜軀命時世人民壽命無量為於法故捐捨國位委政太子擊鼓宣令四方求法誰能為我說大乘者吾當終身供給走使時有仙人來白王言我有大乘名妙法華經若不違我當

我說大乘者吾當終身供給走使時有仙人
來白王言我有大乘名妙法華若不違我當
為宣說王聞仙言歡喜踊躍即隨仙人供給
所須採菓汲水拾薪設食乃至以身而為床
座身心無惓于時奉事經於千歲為於法故
精勤給侍令無所乏尒時世尊欲重宣此義
而說偈言

我念過去劫　為求大法故　雖作世國王　不貪五欲樂
椎鍾告四方　誰有大法者　若為我解說　身當為奴僕
時有阿私仙　來白於大王　我有微妙法　世間所希有
若能脩行者　吾當為汝說　時王聞仙言　心生大喜悅
即便隨仙人　供給於所須　採薪及菓蓏　隨時恭敬與
情存妙法故　身心無懈惓　普為諸衆生　勤求於大法

亦不爲己身及以五欲樂故爲大國王勤求獲此法
遂致得成佛 今故爲汝說
佛告諸比丘尒時王者則我身是時仙人者
今提婆達多是由提婆達多善知識故令我
具足六波羅蜜慈悲喜捨三十二相八十種
好紫磨金色十力四無所畏四攝法十八不
共神通道力成等正覺廣度衆生皆因提婆
達多善知識故告諸四衆提婆達多却後過
無量劫當得成佛号曰天王如來應供正遍
知明行足善逝世間解無上士調御丈夫天
人師佛世尊世界名天道時天王佛住世二十
中劫廣爲衆生說於妙法恒河沙衆生得
阿羅漢果無量衆生發緣覺心恒河沙衆生
發無上道心得無生忍至不退轉時天王佛

阿羅漢果無量衆生發緣覺心恒河沙衆生
發無上道心得無生忍至不退轉時天王佛
般涅槃後正法住世二十中劫全身舍利起
七寶塔高六十由旬縱廣四十由旬諸天人
民悉以雜華末香燒香塗香衣服瓔珞幢幡
寶蓋伎樂歌頌礼拜供養七寶妙塔無量衆
生得阿羅漢無量衆生悟辟支佛不可思議
衆生發菩提心至不退轉佛告諸比丘未來
世中若有善男子善女人聞妙法華經提婆
達多品淨心信敬不生疑惑者不墮地獄餓
鬼畜生生十方佛前所生之處常聞此經若
生人天中受勝妙樂若在佛前蓮華化生於
時下方多寶世尊所從菩薩名曰智積白多

寶佛當還本土釋迦牟尼佛告智積曰善男
子且待須臾此有菩薩名文殊師利可與相
見論說妙法可還本土尒時文殊師利坐千
葉蓮華大車輪俱來菩薩亦坐寶華從於
見論說妙法可還本土尒時文殊師利坐千
葉蓮華大如車輪俱來菩薩亦坐寶華從於
大海娑竭龍宮自然踊出住虛空中詣靈鷲
山從蓮華下至於佛所頭面敬礼二世尊足
脩敬已畢往智積所共相慰問却坐一面智
積菩薩問文殊師利仁往龍宮所化衆生其
數幾何文殊師利言其數無量不可稱計非
口所宣非心所測且待須臾自當有證所言
未竟無數菩薩坐寶蓮華從海踊出詣靈鷲

口所宣非心所測且待須臾自當證知所言
未竟無數菩薩坐寶蓮華從海踊出詣靈鷲
山住在虛空此諸菩薩皆是文殊師利之所
化度具菩薩行皆共論說六波羅蜜本聲聞
人在虛空中說聲聞行今皆脩行大乘空義
文殊師利謂智積曰於海教化其事如是尒
時智積菩薩以偈讚曰
大智德勇健　化度无量衆　今此諸大會　及我皆已見
演暢實相義　開闡一乘法　廣度諸群生　令速成菩提
文殊師利言我於海中唯常宣說妙法華經
智積問文殊師利言此經甚深微妙諸經中
寶世所希有頗有衆生勤加精進脩行此經
速得佛不文殊師利言有娑竭羅龍王女年
始八歲智慧利根善知衆生諸根行業得

羅尼諸佛所說甚深祕藏悉能受持深入禪
定了達諸法於剎那頃發菩提心得不退轉
辯才無礙慈念衆生猶如赤子功德具足心
念口演微妙廣大慈悲仁讓志意和雅能至
菩提智積菩薩言我見釋迦如來於无量劫
難行苦行積功累德求菩薩道未曾止息觀
三千大千世界乃至無有如芥子許非是菩
薩捨身命處爲衆生故然後乃得成菩提道
不信此女於須臾頃便成正覺言論未訖時
龍王女忽現於前頭面礼敬却住一面以偈
讚曰
深達罪福相　遍照於十方　微妙淨法身　具相三十二
以八十種好　用莊嚴法身　天人所戴仰　龍神咸恭敬

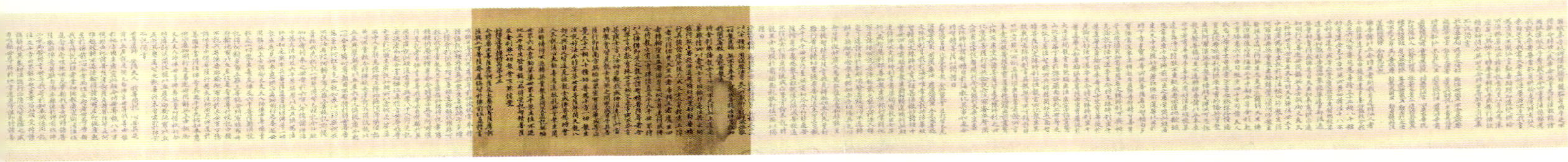

深達罪福相　遍照於十方　微妙淨法身　具相三十二
以八十種好　用莊嚴法身　天人所戴仰　龍神咸恭敬
一切衆生類　無不宗奉者　又聞成菩提　唯佛當證知
我闡大乘教　度脫苦衆生
時舍利弗語龍女言汝謂不久得無上道是
事難信所以者何女身垢穢非是法器云何
能得無上菩提佛道懸曠經無量劫勤苦積
行具脩諸度然後乃成又女人身猶有五障
一者不得作梵天王二者帝釋三者魔王四
者轉輪聖王五者佛身云何女身速得成佛
尒時龍女有一寶珠價直三千大千世界持
以上佛佛即受之龍女謂智積菩薩尊者舍
利弗言我獻寶珠世尊納受是事疾不荅言
甚疾女言以汝神力觀我成佛復速於此當

時衆會皆見龍女忽然之間變成男子具菩
薩行即往南方無垢世界坐寶蓮華成等正
覺三十二相八十種好普爲十方一切衆生
演説妙法尒時娑婆世界菩薩聲聞天龍八
部人與非人皆遥見彼龍女成佛普爲時會
人天説法心大歡喜悉遥敬礼無量衆生聞
法解悟得不退轉無量衆生得受道記無垢
世界六反震動娑婆世界三千衆生住不退
地三千衆生發菩提心而得受記智積菩薩
及舍利弗一切衆會嘿然信受

妙法蓮華經持品第十三

尒時藥王菩薩摩訶薩及大藥説菩薩摩訶
薩與二万菩薩眷屬俱皆於佛前作是誓言

尒時藥王菩薩摩訶薩及大樂說菩薩摩訶
薩與二万菩薩眷屬俱皆於佛前作是誓言
唯願世尊不以為慮我等於佛滅後當奉持
讀誦說此經典後惡世衆生善根轉少多增
上慢貪利供養增不善根遠離解脫雖難可
教化我等當起大忍力讀誦此經持說書寫
種種供養不惜身命尒時衆中五百阿羅漢
得受記者白佛言世尊我等亦自誓願於異
國土廣說此經復有學無學八千人得受記
者從座而起合掌向佛作是誓言世尊我等
亦當於他國土廣說此經所以者何是娑婆
國中人多弊惡懷增上慢功德淺薄瞋濁諂
曲心不實故尒時佛姨母摩訶波闍波提比
丘尼與學無學比丘尼六千人俱從座而起

一心合掌瞻仰尊顏目不暫捨於時世尊告
憍曇弥何故憂色而視如来汝心將無謂我
不説汝名授阿耨多羅三藐三菩提記耶憍
曇弥我先捴説一切聲聞皆已授記今汝欲
知記者將来之世當於六万八千億諸佛法
中為大法師及六千學無學比丘尼俱為法
師汝如是漸漸具菩薩道當得作佛号一切
衆生憙見如来應供正遍知明行足善逝世
間解無上士調御丈夫天人師佛世尊憍曇
弥是一切衆生憙見佛及六千菩薩轉次授
記得阿耨多羅三藐三菩提尒時羅睺羅母
耶輸陁羅比丘尼作是念世尊於授記中獨
不説我名佛告耶輸陁羅汝於来世百万億

耶輸陀羅比丘尼作是念世尊於授記中獨
不說我名佛告耶輸陀羅汝於来世百万億
諸佛法中脩菩薩行爲大法師漸具佛道於
善國中當得作佛号具足千万光相如来應
供正遍知明行足善逝世間解無上士調御
丈夫天人師佛世尊佛壽無量阿僧祇劫尒
時摩訶波闍波提比丘尼及耶輸陀羅比丘
尼并其眷屬皆大歡喜得未曾有即於佛前
而說偈言
世尊道師　安隱天人　我等聞記　心安具足
諸比丘尼說是偈已白佛言世尊我等亦能
於他方國土廣宣此經尒時世尊視八十万
億那由他諸菩薩摩訶薩是諸菩薩皆是阿
惟越致轉不退法輪得諸陀羅尼即從座起

至於佛前一心合掌而作是念若世尊告勅
我等持說此經者當如佛教廣宣斯法復作
是念佛今嘿然不見告勅我當云何時諸菩
薩敬順佛意并欲自滿本願便於佛前作師
子吼而發誓言世尊我等於如來滅後周旋
往反十方世界能令眾生書寫此經受持讀
誦解說其義如法脩行正憶念皆是佛之威
力唯願世尊在於他方遙見守護即時諸菩
薩俱同發聲而說偈言

唯願不為慮　於佛滅度後　恐怖惡世中　我等當廣說
有諸無智人　惡口罵詈等　及加刀杖者　我等皆當忍
惡世中比丘　邪智心諂曲　未得謂為得　我慢心充滿
或有阿練若　納衣在空閑　自謂行真道　輕賤人間者

或有阿練若　納衣在空閑　自謂行真道　轉賤人間者
貪著利養故　與白衣說法　為世所恭敬　如六通羅漢
是人懷惡心　常念世俗事　假名阿練若　好出我等過
而作如是言　此諸比丘等　為貪利養故　說外道論議
自作此經典　誑惑世間人　為求名聞故　分別於是經
常在大眾中　欲毀我等故　向國王大臣　婆羅門居士
及餘比丘眾　誹謗說我惡　謂是耶見人　說外道論議
我等敬佛故　悉忍是諸惡　為斯所輕言　汝等皆是佛
如此輕慢言　皆當忍受之　濁劫惡世中　多有諸恐怖
惡鬼入其身　罵詈毀辱我　我等敬信佛　當著忍辱鎧
為說是經故　忍此諸難事　我不愛身命　但惜無上道
我等於來世　護持佛所囑　世尊自當知　濁世惡比丘
不知佛方便　隨宜所說法　惡口而顰蹙　數數見擯出

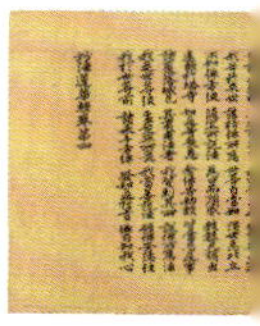

遠離於塔寺　如是等衆惡　念佛告勅故　皆當忍是事
諸聚落城邑　其有求法者　我皆到其所　說佛所囑法
我是世尊使　處衆無所畏　我當善說法　願佛安隱住
我於世尊前　諸來十方佛　發如是誓言　佛自知我心

妙法蓮華經卷第四

BD00414 净名經集解關中疏卷上

（唐）道液 集

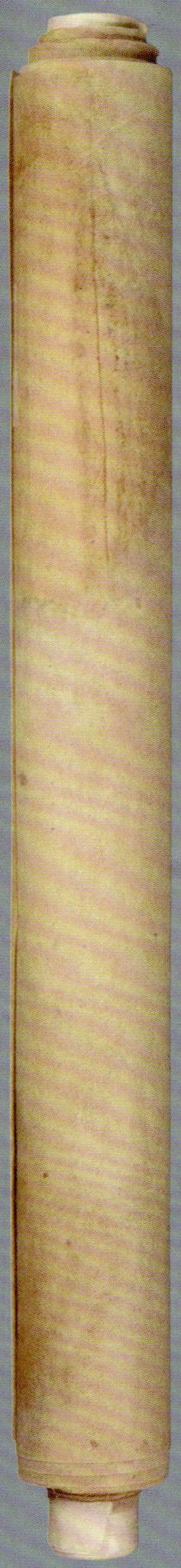

329.9cm × 30.7cm

實相也
生起也小乘觀十二緣無
滅即行滅非實相 不生不滅無無明亦無無明盡
此實相真場也 詳 是故衆生是道場知无我故一
切法是道場知諸 下說惑明道場謂達即衆惑悟
即真場 肇曰煩惱之實性衆之實我諸法之空義皆道之所由生
降魔是道場不傾動故三界是道場無所趣故師子吼是道場無所畏
故 此下諸科約佛果故明坐菩提樹住寂滅場不著三界不惑四魔能
師子吼也 肇曰降魔兵而不為所動遊歷三界而不隨其取演無畏法
音而無難 力無畏不共法是道場無諸過故三明是道場無餘礙故
法身無照心無餘翳則惠明普明 肇曰佛具此業而無闕明通達而
無礙斯皆大道之所由生也 一念知一切法是道場成就一切智故 什曰三乘法
照心成道大乘唯以一念則確然大悟具一切智也 肇曰一切智之極也朗

[illegible]

之則無之封之則壇封既無則其智無涯其智無涯則所照無際故能以一念（壇）
時必知一切法也一切智雖日行標益亦可爲行之一耳而亦可行之所成者其唯
無上道乎故所列衆法皆爲道場也 生曰一念爲不知者始乎大悟時也
以於諸行修得此事故以名焉以直心爲行初義極一念知一切法不乖是謂佛之
處乎 如是善男子菩薩若應諸波羅蜜教化衆生諸有所作舉足下
足 知皆從道場來住於佛法矣 此三結成 肇曰若能應上諸度化天
下者其人行則遊道場止則住佛法舉動所之無非道場 說是法時五百
天人皆發阿耨多羅三藐三菩提心 此五明得益也 故我不任詣彼問疾 四結也
佛告持世菩薩汝行詣維摩詰問疾 文二此初命也 持世白佛言世尊我不
堪任詣彼問疾 二辭 文四此初也 一所以者何憶念我昔住於靜室
此下三略釋 文五一住靜室二魔來三不識四施女五不受此初持世避諠住靜稽
西化善皆迹示方便輒之初舉 時魔波旬從萬二千天女狀如帝釋鼓樂弦
歌來詣我所與其眷屬稽首我足合掌恭敬於一面立 此二魔作帝釋

歌来詣我所與其眷屬稽首我足合掌恭敬於一面立　此三魔作帝釋
来也　肇曰波旬秦名煞者或極惡斷人善根因名煞者違佛亂僧罪莫々
大極惡也　什曰帝釋是佛子知其不疑故作釋形来也持世不作意觀他娑
不見也天台云方便菩薩不知魔来有三意一未能魔佛二界一如等真故不知
三緣修觀有出入之間故不知三未能善惡齊化心有去取故不知也　我意謂
是帝釋而語之言善来憍尸迦雖福應有不當自恣當觀五欲無常以
求善本於身命財而修堅法　此三持世不識謀為說法誡之以自恣歎之
以無常修之以三堅　生曰從女弦歌是自恣法也福有而自恣者覆為罪
之根者也五欲者舊所欲也用為自恣寶之必係覺其無常然後能以求
善本矣　肇曰三堅法身命財寶也若忘身命棄財寶去封累而修是者必
獲無極之身無窮之命無盡之財此天地焚而不燒故名堅法以天
樂著五欲不慮無常故勸求堅法也　即語我言正士受是万二千天女
可備掃灑　此四魔更施女為亂也　生曰因其說法故詭說以從善寶欲以女亂

非順道[illegible]

時為比丘也　所言未訖時維摩詰來謂我言非帝釋也是為魔來嬈固

汝耳　此二廣列彈事文中有八 一覺悟 二訖女 三欲隱 四勸捨 五魔捨 六說

法 七誘女 八還女 此初也 淨名覺悟　肇曰以持世不覺故發其狀也　即語

魔言是諸女等可以與我 如我應受 此二淨名索女　肇曰持化諸女故現

從其索 我為白衣應受女 曷為以與沙門釋子乎　魔即驚懼念維摩

詰將無惱我 欲隱形去而不能隱 盡其神力亦不得去　此三魔欲去

肇曰淨名神力之所制也　即聞空中聲曰波旬以女與之乃可得去

四空聲勸捨女也　肇曰淨以魔迷固役化導之也　魔以畏故俛仰而與

此五魔女捨　生曰推在重留女故當勝自不得去　爾時維摩詰語諸女

言魔以汝等與我 今汝當發阿耨多羅三藐三菩提心 即隨所應而為說

法令發道意　此六淨名為女說法 文二 此初令發心也　肇曰在魔故

從欲在我宜從道教　復言汝等已發道意 有法樂可以自娛 不應復

樂五欲樂也　此下勸修行文 一勸 二問 三答 此初勸樂法樂欲也　肇

法欲在我，宜從道教。復言汝等已發道意，有法樂可以樂娛，不應復
樂五欲樂也。　此下勸修行文八。一勸二問三答。此初勸樂法捨欲也。肇
曰：女人之性唯欲是樂，以其初捨天樂，故示以法樂，能以法道為美，積德為折
者，復經苦履難而而改其樂，天地所重，无易其折，以此自娛，樂之極也。豈
欲之足存。自此已下備列諸行，以明超世之道，至歡之所由生也。　天女即問
何為法樂　二不解故問也。　答言樂常信佛，樂欲聽法，樂供養衆，樂離
五欲　三淨名答文四。此初樂生四信，謂歸三寶及厭欲持戒。肇曰：信
而後法，莫若三寶。樂離五欲者　什曰：是信戒。　樂觀五蔭如怨賊，樂觀
四大如毒虵，樂觀內入如空聚。　此樂厭苦報。　什曰：如方便品中說也。肇
曰：善惡必察，何樂如之。　樂隨護道意，樂饒益衆生，樂敬養師　此三明
樂修出道文三。此初內護道意，下益衆生，上敬養師，並行本也。
肇曰：持无上道心，令无差失。　樂廣行施，樂堅持戒，樂忍辱柔和，樂
勤集善根，樂禪定不亂，樂離垢明慧　此二明六度正行也。　什曰：世俗慧

魔惡而感散而感病消故也　樂淨佛國土樂成就相好故修諸功德　依
報淨而正報者因何樂也　樂莊嚴道場　嚴万行之因場謂道樹之果
場　樂聞深法不畏　什曰心无近著心不邪疑又能信佛法有不思議法長
能聞深法心不生畏也　肇曰樂法之情不樂著者深法不生畏也　樂三
脫門不樂非時　肇曰三脫門空无相无作也縛以之解謂之脫三乘入三脫門不
盡其極而中路取證謂之非時大士之所不樂也　樂近同學樂於非同學中
心无恚礙　肇曰異我自彼謂為生恚非同學外道黨也　樂將護惡知
識樂近善知識　護惡不捨大悲善能成大智　樂心喜清淨　肇曰清
淨是實相真法喜　樂聽无量道品之法　適化不等故道品无量　肇曰法
樂无量上略言之耳　是為菩薩法樂　此四法也　於是波旬告諸言我欲
与汝俱還天宮　此七波旬誘女也　文三此初誘也　肇曰先聞空中聲畏而
言与非其真心故欲俱還也　諸女言以我等与此居士有法樂我等甚樂

言与非其真心故欲俱還也　諸女言以我等与此居士有法樂我等甚樂
不復樂五欲樂也　二女辞也　肇曰已屬人矣兼有法樂何由返也　魔言
居士可捨此女一切所有施於彼者是為菩薩法樂　此八還女文五一索女二還女
三請女四為説五隨還　此初也索女也　肇曰淨名化尊所說魔知其不拔故請
并〻道一切無惜想能見還也　維摩詰言我已捨矣汝便將去令一切衆生得
法願具足　二還女也　肇曰因事與願并常法也以女還魔願具備故曰以生〻
願一切衆生得法願具足如魔〻願備也　於是諸女問維摩詰我等云何止於
魔宮　三第子辞師故請法也　肇曰昔在魔宮以五欲為樂今在菩薩以法樂
為樂後還魔天當何所業耶　維摩詰言諸姊有法門名無盡燈汝等當學
四大士為説無盡燈法文三此初標名勸也　肇曰將遠流大法〻明照魔宮癡冥〻
室故說此門也　無盡燈者譬如一燈然百千燈冥者皆明〻終不盡如是諸姊
夫一菩薩開導百千衆生令發阿耨多羅三藐三菩提心於其道意亦不
滅盡隨所說法而自增益一切善法是名無盡燈也　二釋勸法喻合可見　肇曰自行

也　肇曰報恩之上莫先弘道　舍將天女頭面礼維摩詰足隨魔還宮
忽然不現　五致礼辭還　世尊維摩詰有如是等自在神力智惠辯才故我
不任詣彼問疾　此四結辭不堪　佛告長者子善德汝行詣維摩詰
問疾　文二初命也梵凡古須達多名方善傳名云善施并給孤獨也因緣如別
善德白佛言世尊我不堪任詣彼問疾　二辭文四初辭也　所以者何憶念
我昔自於父舍設大施會供養一切沙門婆羅門及諸外道貧窮下賤孤
獨乞人期滿七日[illegible]　二略釋也在家大士故於父舍行施化同類也　生曰婆
羅門法七日祠梵天行大施期生彼也言已家嫡繼業於父舍然也 之可以致
明行施大矣　什曰所以乃至七日方來譏者欲令其功德滿心淨熟也
時維摩詰來入會中謂我言長者子夫大施會不當如汝所設　此三廣釋
釋事文六一釋訶二請說三略說四重請五廣說六得益　此初釋也　肇曰天竺大
施會法於父舍開四門立高幢告天下諸有所須皆詣其舍於七日中傾家而施
以求梵福時淨名以其俗施既滿將進以法施故先譏其所設以萌爲施之殊也
發財以有所

以求梵福淨名以其俗施既淺將進以法施故先譏其所設以崩為施之殊也
當為法施之會何用是財施會　肇曰夫形必有所窮（殘財必有所）故會人以形者不可普
集施人以財不可以周給且施既不普財不益神未若會羣生於十方而即之本
懷法施於胸中而惠無不普以此而會會無不均以此而施施不遺人豈為殊方
而集近賓捨心益而獨閏身乎　我言居士何謂法施之會　此二請問也
法施會者無前無後一時供養一切衆生是名法施之會　此三略答也　什曰
若起一慈心即十方同緣施中之等莫先於此故曰無前後也　肇曰夫以方
會人不可一息期以財濟物不可一時周是以會通無隅者彌綸而不漏法澤宣被
者不易時而周覆故能即無疆為一會而道無不潤慮心懷德而物自賓豈為
存濡沫之小惠捨江海之大益置一時法之供養而設前後之俗施乎　何謂也
此四重問也　肇曰群無際而受化不但欲無前無後一時而養者何謂也
謂與菩提起於慈心　此下五廣就萬行法施　文五此初也（四等）　肇曰夫財
養養身法養養神養神之道存乎冥益何則群生流轉以無窮為路冥冥損衆

井始建德於內羣生已蒙益於外矣何必待哺養啓道然後為益乎攝
者弘濟之道也是以為攝而起慈者一念一時所益无際矣　以救衆生起大
悲心　肇曰大悲之興救彼而起所以悲生於我而天下同益也　以持正法
起於喜心　肇曰欲令彼我俱持正法喜心生也　以攝智慧行於捨心
肇曰小捨之方有者正智之性也　以攝慳貪起檀波羅蜜化犯戒起尸波
羅蜜以无我法起羼提波羅蜜　此三明六度法施大士以一毫之善普施
衆生永除六蔽圓滿六度　肇曰忍生於我无我即无競　以離身心想
起毗離耶波羅蜜　肇曰精進之相起于身心而古離身心者其唯无
相精進乎復次愛著身心不能精進能精進者其在亡身心乎　以菩提相起
禪波羅蜜　肇曰菩提之相无定无亂以此起禪名眞禪也　以一切智起
般若波羅蜜　肇曰在佛名一切智在菩薩名般若因果異名也然一切智
以无相為相以此起般若般若名无相因果雖異名其相不殊也　教化衆生而起
於空　此下三約三脫明法施　肇曰存衆生則乖空義存空義則捨衆生善
通法相虛空其懷者終日不乖空也　不捨有為法而起无相　肇曰即有而无

通法相虛空其壞者終日不乖空也　不捨有為法而起无相　肇曰即有而无
故能起无相即无而有故能不捨不捨故万法兼備故起无及善惡聲聞皆
示現受生而无起作　肇曰作謂造生死也而彼受生者非作生而生也是以大士受
生常起无作　護持正法起方便力以度衆生起四攝法　古四遍約方行明法施
肇曰非方便无以護正法非四攝无以護正濟群生
以敬事一切起除慢法於身命財起三堅法於六念中起思念法於六和敬起質直
心息諸偽以循敬戒三端而修三堅內思六念外順六合七〃謂法施六念者
肇曰念佛法僧施戒天六念也六和者　肇曰以慈心起身口意業為三也四得重
養與人共之五持戒淨六修漏盡惠非直心无以具六法无以和群〃衆〃衆〃不和非
敬順之道　正行善法起於淨命　肇曰凡所行善不以邪心為命也　心淨歡喜起
近賢聖不增惡人起調伏心　心淨猶也信樂賢聖常近三寶不增惡人能調
不善　肇曰近賢聖生淨善見惡无生增心　出家法起於深心　厭患三界指言
求捷大士因緣非小志之所為也　肇曰出家之法非淺心所能弘也　以如說行起於

肇曰佛由深達非空不趣　解衆生縛起修行故　理圓无礙而解縛者
必修之法　肇曰己行不修安能解彼　嚴以相好　及淨佛土起福德
業知一切衆生心念如應說法起於智業　肇曰夫万行雖多為二業以智為行標
故别立智業諸行隨從故物以立德業凡所修立非一業所成而衆（經）修相好淨土繫
以德業知念說法繫以智業此蓋取其功用之所多耳未始相无也　知一切法不
取不捨入一相門起於惠業　肇曰文字審理謂之智造心分別謂之惠亦上來
衆生念定諸法相然後說法故繫之以智今造心分別法相令入一門故繫之惠
也　斷一切煩惱一切障导一切不善法起於一切善業　肇曰无善不修故无惡不
斷　以得一切智惠一切善法一切助佛道法　肇曰一切智惠業也一切善法即得
業也助佛道法大乘諸无漏法也智德二業非有漏之所成々之者必由助佛道
法　如是善男子是為法施之會（若）井住是法施會者為大施主亦為一切世間福
田　此下五階成法施　肇曰若能備上諸法則冥其閑无涯其為會也不以一方
其為施也不以形骸不以形骸故妙存濟神不以一方故其會彌偏可謂大施可

[illegible]
其爲施也不以形戲不以形戲攸妙存濟神不以一方故其會殊倫可謂大施可
謂大會矣　世尊維摩詰説是法時婆羅門衆中二百人皆發阿耨多羅
三藐三菩提心　此下明時衆得益文二初婆羅門發心也　我時心得清淨歎未曾
有稽首禮維摩詰足之即解瓔珞價直百千以上之　二明善吉得心淨　肇曰
心畢竟除得清淨信也　文四此初心　上瓔珞也　生曰七日施而此物在者家
所重也而以上維摩詰者現崇法施情也　不肯受　二讓不取　什曰本意
爲説法故名爲識財施故懷此二心所以不受　我言居士願必納受隨意所與
三重請受隨施也　維摩詰乃受瓔珞分作二分持一分施此會中最下乞人持
一分奉彼難勝如來　四淨名受已迴施文四初迴施二田也　肇曰上直進以施法
未等致施之心故施極上窮下明施心平等以成善得爲施之意也
一切衆會皆見光明國土難勝如來又見珠瓔在彼佛上變成四柱寶臺四
面嚴飾不相障蔽　二佛現化　肇曰分作二分者欲以明等也現神力者驗法施
也變成四柱寶臺以明財施能攝之平是法施會然也故能无不周耳　維摩詰
[illegible]

別攸淨名寺〻以平等　什曰施佛以地勝攸心濃夫施貧以地苦攸悲深是以福周

相殺報也　无所分別等于大悲不求果報其田名爲具足行施也　二无相等　肇

曰若能齊尊卑一行報以平等悲而爲施者乃具足行施耳　城中一最下乞

人見神力聞其所說皆發阿耨多羅三藐三菩提心　生曰得益也　故我不任詣

彼問疾　四結不堪　如是諸菩薩各各向佛說其本緣稱述維摩詰所言，

皆曰不任詣彼問疾　此是大段第二總明諸菩薩章　肇曰三万二千菩

皆說不任之辭文不備載之耳

淨名經關中疏卷上

乙丑年二月六日捷

BD00415

金剛般若波羅蜜經

（後秦）鳩摩羅什 譯

503.7cm × 26cm

說章句生實信
来滅後後五百歲有持戒脩福者於此章句
能生信心以此為實當知是人不於一佛二佛
三四五佛而種善根已於無量千萬佛所種
諸善根聞是章句乃至一念生淨信者須菩
提如来悉知悉見是諸衆生得如是無量福
德何以故是諸衆生無復我相人相衆生
相壽者相無法相亦無非法相何以故是諸
衆生若心取相則為著我人衆生壽者若取
法相即著我人衆生壽者何以故若取非法
相即著我人衆生壽者是故不應取法不應
取非法以是義故如来常說汝等比丘知我
說法如筏喻者法尚應捨何況非法
須菩提於意云何如来得阿耨多羅三藐三菩

佛所說義無有定法名阿耨多羅三藐三菩
提亦無有定法如來可說何以故如來所說
法皆不可取不可說非法非非法所以者何
一切賢聖皆以無爲法而有差別
須菩提於意云何若人滿三千大千世界七
寶以用布施是人所得福德寧爲多不須菩
提言甚多世尊何以故是福德即非福德性
是故如來說福德多若復有人於此經中受
持乃至四句偈等爲他人說其福勝彼何以故
須菩提一切諸佛及諸佛阿耨多羅三藐三
菩提法皆從此經出須菩提所謂佛法者
即非佛法
須菩提於意云何須陀洹能作是念我得須

即非佛法
須菩提於意云何須陁洹能作是念我得須
陁洹果不須菩提言不也世尊何以故須陁
洹名為入流而無所入不入色聲香味觸法
是名須陁洹須菩提於意云何斯陁含能作
是念我得斯陁含果不須菩提言不也世尊
何以故斯陁含名一往来而實無往来是名
斯陁含須菩提於意云何阿那含能作是念
我得阿那含果不須菩提言不也世尊何以
故阿那含名為不来而實無来是故名阿那
含須菩提於意云何阿羅漢能作是念我得
阿羅漢道不須菩提言不也世尊何以故實
無有法名阿羅漢世尊若阿羅漢作是念我
得阿羅漢道即為著我人衆生壽者

說我得無諍三昧人中最為第一是第一離
欲阿羅漢我不作是念我是離欲阿羅漢世
尊我若作是念我得阿羅漢道世尊則不說
須菩提是樂阿蘭那行者以須菩提實無所
行而名須菩提是樂阿蘭那行
佛告須菩提於意云何如来昔在然燈佛所
於法有所得不世尊如来在然燈佛所於法
實無所得須菩提於意云何菩薩莊嚴佛土
不不也世尊何以故莊嚴佛土者則非莊嚴
是名莊嚴是故須菩提諸菩薩摩訶薩應如
是生清淨心不應住色生心不應住聲香味
觸法生心應無所住而生其心須菩提譬如
有人身如須弥山王於意云何是身為大不

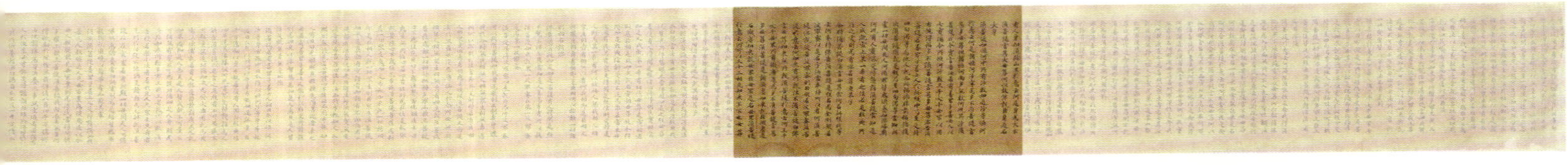

有人身如須弥山王於意云何是身為大不
須菩提言甚大世尊何以故佛說非身是名
大身
須菩提如恒河中所有沙數如是沙等恒河
於意云何是諸恒河沙寧為多不須菩提言
甚多世尊但諸恒河尚多無數何況其沙須
菩提我今實言告汝若有善男子善女人以
七寶滿尒所恒河沙數三千大千世界以用
布施得福多不須菩提言甚多世尊佛告須
菩提若善男子善女人於此經中乃至受持
四句偈等為他人說而此福德勝前福德復
次須菩提隨說是經乃至四句偈等當知此
處一切世間天人阿脩羅皆應供養如佛塔廟

何況有人盡能受持讀誦須菩提當知是
人成就最上第一希有之法若是經典所
在之處則為有佛若尊重弟子
尒時須菩提白佛言世尊當何名此經我等
云何奉持佛告須菩提是經名為金剛般若
波羅蜜以是名字汝當奉持所以者何須菩
提佛說般若波羅蜜則非般若波羅蜜須菩
提於意云何如來有所說法不須菩提白佛
言世尊如來無所說須菩提於意云何三千
大千世界所有微塵是為多不須菩提言甚
多世尊須菩提是諸微塵如來說非微塵是
名微塵如來說世界非世界是名世界須菩提
於意云何可以三十二相見如來不不也世尊

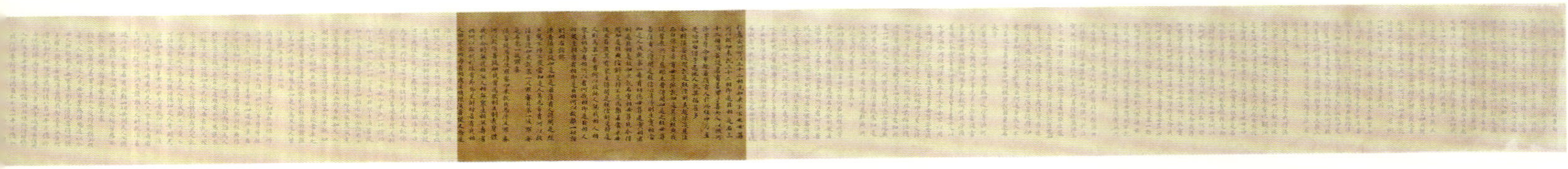

於意云何可以三十二相見如来不不也世尊
何以故如来說三十二相即是非相是名三
十二相須菩提若有善男子善女人以恒河
沙等身命布施若復有人於此經中乃至
受持四句偈等為他人說其福甚多
尒時須菩提聞說是經深解義趣涕淚悲泣
而白佛言希有世尊佛說如是甚深經典我
從昔来所得慧眼未曾得聞如是之經世尊
若復有人得聞是經信心清淨則生實相當
知是人成就第一希有功德世尊是實相者
則是非相是故如来說名實相世尊我今得
聞如是經典信解受持不足為難若當来世
後五百歲其有衆生得聞是經信解受持是

人則為第一希有何以故此人無我相人相
衆生相壽者相所以者何我相即是非相人
相衆生相壽者相即是非相何以故離一切諸
則相名諸佛
佛告須菩提如是如是若復有人得聞是經
不驚不怖不畏當知是人甚為希有何以故
須菩提如来說第一波羅蜜非第一波羅蜜
是名第一波羅蜜
須菩提忍辱波羅蜜如来說非忍辱波羅蜜
何以故須菩提如我昔為歌利王割截身體
我於尒時無我相無人相無衆生相無壽者
相何以故我於往昔節節支解時若有我相
人相衆生相壽者相應生瞋恨須菩提又念過

相何以故我於往昔節節支解時若有我相
人相衆生相壽者相應生瞋恨須菩提又念過
去於五百世作忍辱仙人於尒所世無我
相無人相無衆生相無壽者相是故須菩提
菩薩應離一切相發阿耨多羅三藐三菩提
心不應住色生心不應住聲香味觸法生心
應生無所住心若心有住則爲非住是故佛
說菩薩心不應住色布施須菩提菩薩爲利
益一切衆生應如是布施如來說一切諸相
即是非相又說一切衆生則非衆生須菩提
如來是真語者實語者如語者不誑語者不
異語者須菩提如來所得法此法無實無虛
須菩提若菩薩心住於法而行布施如

則無所見若菩薩心不住法而行布施如
人有目日光明照見種種色須菩提當来之
世若有善男子善女人能於此經受持讀誦
則爲如来以佛智慧悉知是人悉見是人皆
得成就無量無邊功德
須菩提若有善男子善女人初日分以恒河
沙等身布施中日分復以恒河沙等身布施
後日分亦以恒河沙等身布施如是無量百
千万億劫以身布施若復有人聞此經典信
心不逆其福勝彼何况書寫受持讀誦爲人
解說須菩提以要言之是經有不可思議不
可稱量無邊功德如来爲發大乘者說爲發
最上乘者說若有人能受持讀誦廣爲人說

BD00415　金剛般若波羅蜜經

最上乘者說若有人能受持讀誦廣爲人說
如來悉知是人悉見是人皆成就不可量不
可稱無有邊不可思議功德如是人等則爲
荷擔如來阿耨多羅三藐三菩提何以故須
菩提若樂小法者著我見人見衆生見壽者
見則於此經不能聽受讀誦爲人解說須菩
提在在處處若有此經一切世間天人阿脩
羅所應供養當知此處則爲是塔皆應恭
敬作禮圍繞以諸華香而散其處
復次須菩提善男子善女人受持讀誦此經
若爲人輕賤是人先世罪業應墮惡道以今
世人輕賤故先世罪業則爲消滅當得阿耨
多羅三藐三菩提須菩提我念過去無量阿

由他諸佛悉皆供養承事無空過者若復有
人於後末世有能受持讀誦此經所得功德於
我所供養諸佛功德百分不及一千万億分
乃至筭數譬喻所不能及須菩提若善男子
善女人於後末世有受持讀誦此經所得功
德我若具說者或有人聞心則狂亂狐疑不
信須菩提當知是經義不可思議果報亦不
可思議
尒時須菩提白佛言世尊善男子善女人發
阿耨多羅三藐三菩提心云何應住云何降
伏其心佛告須菩提善男子善女人發阿耨
多羅三藐三菩提者當生如是心我應滅度

多羅三藐三菩提者當生如是心我應滅度
一切衆生滅度一切衆生已而無有一衆生
實滅度者何以故若菩薩有我相人相衆生
相壽者相則非菩薩所以者何須菩提實無
有法發阿耨多羅三藐三菩提者須菩提於
意云何如来於然燈佛所有法得阿耨多羅
三藐三菩提不不世世尊如我解佛所說義佛
於然燈佛所無有法得阿耨多羅三藐三菩提
佛言如是如是須菩提實無有法如来得阿
耨多羅三藐三菩提須菩提若有法如来得
阿耨多羅三藐三菩提然燈佛則不與我受
記汝於来世當得作佛号釋迦牟尼以實無
有法得阿耨多羅三藐三菩提是故然燈佛

迦牟尼何以故如来者即諸法如義若有人
言如来得阿耨多羅三藐三菩提須菩提實
無有法佛得阿耨多羅三藐三菩提須菩提
如来所得阿耨多羅三藐三菩提於是中無
實無虚是故如来説一切法皆是佛法須菩
提所言一切法者即非一切法是故名一切
法須菩提譬如人身長大須菩提言世尊如
来説人身長大則為非大身是名大身須菩
提菩薩亦如是若作是言我當滅度無量衆
生則不名菩薩何以故須菩提實無有法名
為菩薩是故佛説一切法無我無人無衆生無
壽者須菩提若菩薩作是言我當莊嚴佛土

壽者須菩提若菩薩作是言我當莊嚴佛土
是不名菩薩何以故如来說莊嚴佛土者即
非莊嚴是名莊嚴須菩提若菩薩通達無
我法者如来名真是菩薩
須菩提於意云何如来有肉眼不如是世尊如
来有肉眼須菩提於意云何如来有天眼
不如是世尊如来有天眼須菩提於意云何
如来有慧眼不如是世尊如来有慧眼須菩
提於意云何如来有法眼不如是世尊如来
有法眼須菩提於意云何如来有佛眼不如
是世尊如来有佛眼須菩提於意云何恒河
中所有沙佛說是沙不如是世尊如来說是
沙須菩提於意云何如一恒河中所有沙有

是寧為多不甚多世尊佛告須菩提尒所國土
中所有衆生若干種心如來悉知何以故如來說諸
心皆為非心是名為心所以者何須菩提過去心
不可得現在心不可得未來心不可得須菩提
於意云何若有人滿三千大千世界七寶以用布
施是人以是因緣得福多不如是世尊此人以
是因緣得福甚多須菩提若福德有實如來
不說得福德多以福德无故如來說得福德多
須菩提於意云何佛可以具足色身見不不
也世尊如來不應以色身見何以故如來說具
足色身即非具足色身是名具足色身須菩
提於意云何如來可以具足諸相見不不也世

BD00415　金剛般若波羅蜜經

提於意云何如來可以具足諸相見不不世世
尊如來不應以具足諸相見何以故如來
說諸相具足即非具足是名諸相具足須
菩提汝勿謂如來作是念我當有所說法莫
作是念何以故若人言如來有所說法即為謗
佛不能解我所說故須菩提說法者无法
可說是名說法須菩提白佛言世尊佛得阿
耨多羅三藐三菩提為无所得耶如是如是
須菩提我於阿耨多羅三藐三菩提乃至无
有少法可得是名阿耨多羅三藐三菩提
復次須菩提是法平等无有高下是名阿耨
多羅三藐三菩提以无我无人无衆生无壽
者脩一切善法則得阿耨多羅三藐三菩提

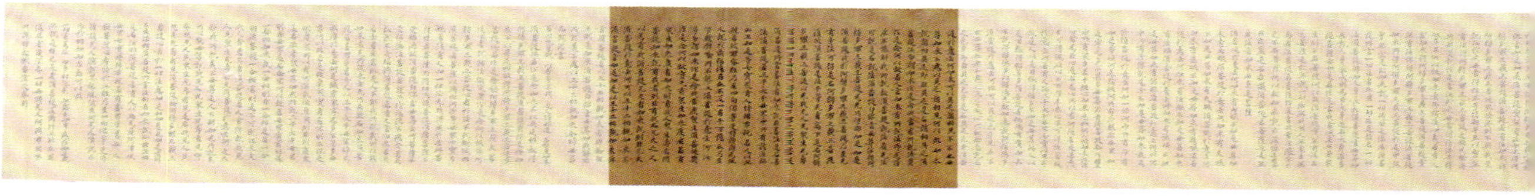

法須菩提若三千大千世界中所有諸須弥
山王如是等七寶聚有人持用布施若人以此
般若波羅蜜經乃至四句偈等受持讀誦為他
人說於前福德百分不及一百千万億分乃至
筭數譬喻所不能及須菩提於意云何汝
等勿謂如來作是念我當度衆生須菩提莫
作是念何以故實无有衆生如來度者若有
衆生如來度者如來則有我人衆生壽者須
菩提如來說有我者則非有我而凡夫之人
以為有我須菩提凡夫者如來說則非凡夫
須菩提於意云何可以三十二相觀如來不
須菩提言如是如是以三十二相觀如來佛

須菩提言如是如是以三十二相觀如來佛
言須菩提若以三十二相觀如來者轉輪聖
王則是如來須菩提白佛言世尊如我解佛
所説義不應以三十二相觀如來尒時世尊
而説偈言
若以色見我　以音聲求我　是人行邪道　不能見如來
須菩提汝若作是念如來不以具足相故得
阿耨多羅三藐三菩提須菩提莫作是念如
來不以具足相故得阿耨多羅三藐三菩提須
菩提汝若作是念發阿耨多羅三藐三菩
提心者説諸法斷滅莫作是念何以故發阿
耨多羅三藐三菩提心者於法不説斷滅相
須菩提若菩薩以滿恒河沙等世界七寶

（11–10）

……忍此菩
薩勝前菩薩所得功德須菩提以諸菩薩不
受福德故須菩提白佛言世尊云何菩薩不
受福德須菩提菩薩所作福德不應貪著是
故說不受福德須菩提若有人言如來若來
若去若坐若臥是人不解我所說義何以故
如來者无所從來亦无所去故名如來須菩
提若善男子善女人以三千大千世界碎為
微塵於意云何是微塵衆寧為多不甚多世
尊何以故若是微塵衆實有者佛則不說是
微塵衆所以者何佛說微塵衆則非微塵衆
是名微塵衆世尊如來所說三千大千世界
則非世界是名世界何以故若世界實有則是

則非世界是名世界何以故若世界實有則是
一合相如來說一合相則非一合相是名一合
相須菩提一合相者則是不可說但凡夫
之人貪著其事須菩提若人言佛說我見
人見衆生見壽者見須菩提於意云何是人
解我所說義不世尊是人不解如來所說義
何以故世尊說我見人見衆生見壽者見即
非我見人見衆生見壽者見是名我見人見
衆生見壽者見須菩提發阿耨多羅三藐三
菩提心者於一切法應如是知如是見如是信解
不生法相須菩提所言法相者如來說即非法相
是名法相須菩提若有人以滿无量阿僧祇
世界七寶持用布施若有善男子善女

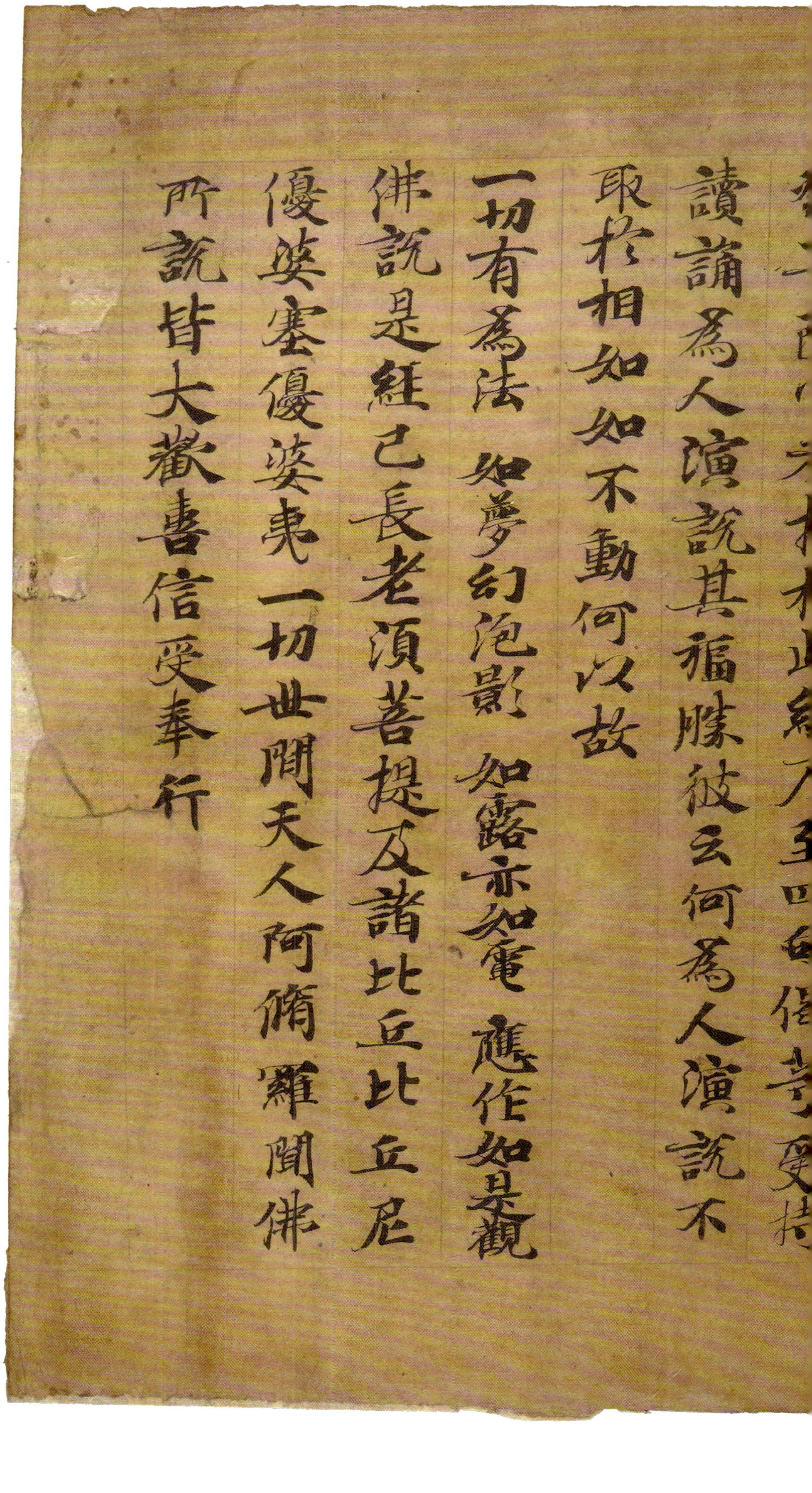

發菩提心者持於此經乃至四句偈等受持
讀誦爲人演説其福勝彼云何爲人演説不
取於相如如不動何以故
一切有爲法　如夢幻泡影　如露亦如電　應作如是觀
佛説是經已長老須菩提及諸比丘比丘尼
優婆塞優婆夷一切世間天人阿脩羅聞佛
所説皆大歡喜信受奉行

BD00415　金剛般若波羅蜜經

BD00416　妙法蓮華經卷五

（後秦）鳩摩羅什 譯

276.4cm × 25.4cm

勒菩薩摩訶薩阿逸多我說是如來壽命長
遠時六百八十万億那由他恒河沙衆生得
无生法忍復千倍菩薩摩訶薩得聞持陁羅
尼門復有一世界微塵數菩薩摩訶薩得樂
說无礙辯才復有一世界微塵數菩薩摩訶
薩得百万億无量旋陁羅尼復有三千大千
世界微塵數菩薩摩訶薩能轉不退法輪復
有二千中國土微塵數菩薩摩訶薩能轉
清淨法輪復有小千國土微塵數菩薩摩訶
薩八生當得阿耨多羅三藐三菩提復有四
四天下微塵數菩薩摩訶薩四生當得阿耨
多羅三藐三菩提復有三四天下微塵數菩
薩摩訶薩三生當得阿耨多羅三藐三菩提

得阿耨多羅三藐三菩提復有一四天下微
塵數菩薩摩訶薩一生當得阿耨多羅三藐
三菩提復有八世界微塵數衆生皆發阿耨
多羅三藐三菩提心佛說是諸菩薩摩訶薩
得大法利時於虛空中而雨曼陁羅華摩訶曼
陁羅華以散无量百千万億寶樹下師子座
上諸佛幷散七寶塔中師子座上釋迦牟尼
佛及久滅度多寶如來亦散一切諸大菩薩
及四部衆又雨細末栴檀沉水香等於虛空
中天鼓自鳴妙聲深遠又雨千種天衣垂諸
瓔珞真珠瓔珞摩尼珠瓔珞如意珠瓔珞遍
於九方衆寶香爐燒无價香自然周至供養
大會一一佛上有諸菩薩執持幡蓋次第而

於九方界寶香爐燒无價香自然周至供養
大會一一佛上有諸菩薩執持幡蓋次第而
上至于梵天是諸菩薩以妙音聲歌无量頌
讃歎諸佛尒時彌勒菩薩從座而起偏袒右
肩合掌向佛而說偈言
佛說希有法　昔所未曾聞　世尊有大力　壽命不可量
无數諸佛子　聞世尊分別　說得法利者　歡喜充遍身
或住不退地　或得陁羅尼　或无礙樂說　万億旋揔持
或有大千界　微塵數菩薩　各各皆能轉　不退之法輪
或有中千界　微塵數菩薩　各各皆能轉　清淨之法輪
復有小千界　微塵數菩薩　餘各八生在　當得成佛道
復有四三二　如是四天下　微塵諸菩薩　隨數生成佛
或一四天下　微塵數菩薩　餘有一生在　當成一切智
如是等衆生　聞佛壽長遠　得无量无漏　清淨之果報

世尊說无量　不可思議法　多有所饒益　如虛空无邊
雨天曼陁羅　摩訶曼陁羅　釋梵如恒沙　无數佛土來
雨栴檀沉水　繽紛而亂墜　如鳥飛空下　供散於諸佛
天鼓虛空中　自然出妙聲　天衣千万種　旋轉而來下
衆寶妙香爐　燒无價之香　自然悉周遍　供養諸世尊
其大菩薩衆　執七寶幡蓋　高妙万億種　次第至梵天
一一諸佛前　寶幢懸勝幡　亦以千万偈　歌詠諸如來
如是種種事　昔所未曾有　聞佛壽无量　一切皆歡喜
佛名聞十方　廣饒益衆生　一切具善根　以助无上心
尒時佛告彌勒菩薩摩訶薩阿逸多其有衆
生聞佛壽命長遠如是乃至能生一念信解
所得功德无有限量若有善男子善女人為
阿耨多羅三藐三菩提於八十万億那由他

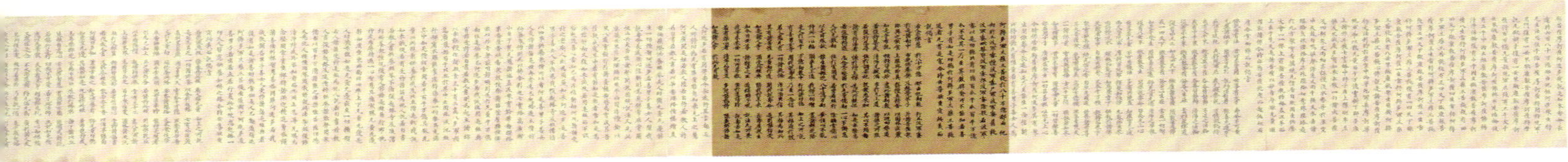

阿耨多羅三藐三菩提於八十万億那由他
劫行五波羅蜜檀波羅蜜尸羅波羅蜜羼提
波羅蜜毗梨耶波羅蜜禪波羅蜜除般若波羅
蜜以是功德比前功德百分千分百千万億
分不及其一乃至筭數譬喻所不能知若善
男子有如是功德於阿耨多羅三藐三菩提
退者无有是處尒時世尊欲重宣此義而
說偈言
若人求佛慧　於八十万億　那由他劫數　行五波羅蜜
於是諸劫中　布施供養佛　及緣覺弟子　并諸菩薩衆
珍異之飲食　上服與卧具　栴檀立精舍　以園林莊嚴
如是等布施　種種皆微妙　盡此諸劫數　以迴向佛道
若復持禁戒　清淨无缺漏　求於无上道　諸佛之所歎
若復行忍辱　住於調柔地　設衆惡來加　其心不傾動

若復勤精進　志念常堅固　於无量億劫　一心不懈怠
又於无數劫　住於空閑處　若坐若經行　除睡常攝心
以是因緣故　能生諸禪定　八十億万劫　安住心不亂
持此一心福　願求无上道　我得一切智　盡諸禪定際
是人於百千　万億劫數中　行此諸功德　如上之所說
有善男女等　聞我說壽命　乃至一念信　其福過於彼
若人悉无有　一切諸疑悔　深心須臾信　其福為如此
其有諸菩薩　无量劫行道　聞我說壽命　是則能信受
如是諸人等　頂受此經典　願我於未來　長壽度衆生
如今日世尊　諸釋中之王　道場師子吼　說法无所畏
我等未來世　一切所尊敬　坐於道場時　說壽亦如是
若有深心者　清淨而質直　多聞能摠持　隨義解佛語
如是諸人等　於此无有疑

若有深心者 清淨而質直 多聞能總持 隨義解佛語
如是諸人等 於此无有疑
又阿逸多若有聞佛壽命長遠解其言趣是
人所得功德无有限量能起如来无上之慧
何況廣聞是經若教人聞若自持若教人持
若自書若教人書若以華香瓔珞幢幡繒蓋
香油蘇燈供養經卷是人功德无量无邊能
生一切種智阿逸多若善男子善女人聞我
說壽命長遠深心信解則為見佛常在耆闍
崛山共大菩薩諸聲聞衆圍繞說法又見此
娑婆世界其地瑠璃坦然平正閻浮檀金以
界八道寶樹行列諸臺樓觀皆悉寶成其菩
薩衆咸處其中若有能如是觀者當知是為
深信解相又復如來滅後若聞是經而不毀

呰起隨喜心當知已為深信解相何況讀誦受
持之者斯人則為頂戴如來阿逸多是善
男子善女人不須為我復起塔寺及作僧坊
以四事供養衆僧所以者何是善男子善女
人受持讀誦是經典者為已起塔造立僧坊
供養衆僧則為以佛舍利起七寶塔高廣漸
小至于梵天懸諸幡蓋及衆寶鈴華香瓔珞
末香塗香燒香衆鼓伎樂簫笛箜篌種種儛
戲以妙音聲歌唄讚頌則為於无量千万億
劫作是供養已阿逸多若我滅後聞是經典
有能受持若自書若教人書則為起立僧坊
以赤栴檀作諸殿堂三十有二高八多羅樹
高廣嚴好百千比丘於其中止園林流池經
行禪窟衣服飲食床褥湯藥一切樂具充滿

高廣嚴好百千比丘於其中止園林流池經
行禪窟衣服飲食床褥湯藥一切樂具充滿
其中如是僧坊堂閣若干百千万億其數无
量以此現前供養於我及比丘僧是故我說
如來滅後若有受持讀誦為他人說若自書
若教人書供養經卷不須復起塔寺及造僧
坊供養衆僧況復有人能持是經兼行布施
持戒忍辱精進一心智慧其德冣勝无量无邊
譬如虚空東西南北四維上下无量无邊是
人功德亦復如是无量无邊疾至一切種智
若人讀誦受持是經為他人說若自書若教
人書復能起塔及造僧坊供養讚歎聲聞衆
僧亦以百千万億讚歎之法讚歎菩薩功德

念堅固常貴坐禪得諸深定精進勇猛攝
諸善法利根智慧善答問難阿逸多若我
滅後諸善男子善女人受持讀誦是經典者
復有如是諸善功德當知是人已趣道場近
阿耨多羅三藐三菩提坐道樹下阿逸多是
善男子若坐若立若行處此中便應起塔一
切天人皆應供養如佛之塔尒時世尊欲重
宣此義而說偈言
若我滅度後　能奉持此經　斯人福无量　如上之所說
是則為具足　一切諸供養　以舍利起塔　七寶而莊嚴
表刹甚高廣　漸小至梵天　寶鈴千万億　風動出妙音
又於无量劫　而供養此塔　華香諸瓔珞　天衣眾伎樂
然香油酥燈　周帀常照明　惡世法末時　能持是經者

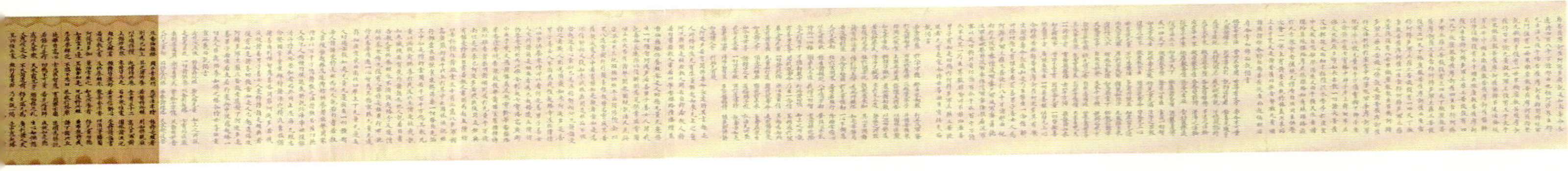

然香油蘇燈 周帀常照明 惡世法末時 能持是經者
則爲已如上 具足諸供養 若能持此經 則如佛現在
以牛頭栴檀 起僧坊供養 堂有三十二 高八多羅樹
上饌妙衣服 床臥皆具足 百千衆住處 園林諸流池
經行及禪窟 種種皆嚴好 若有信解心 受持讀誦書
若復教人書 及供養經卷 散華香末香 以須曼瞻蔔
阿提目多伽 薰油常然之 如是供養者 得无量功德
如虛空无邊 其福亦如是 况復持此經 兼布施持戒
忍辱樂禪定 不瞋不惡口 恭敬於塔廟 謙下諸比丘
遠離自高心 常思惟智慧 有問難不瞋 隨順爲解說
若能行是行 功德不可量 若見此法師 成就如是德
應以天華散 天衣覆其身 頭面接足礼 生心如佛想
又應作是念 不久詣道樹 得无漏无爲 廣利諸人天
其所住止處 經行若坐臥 乃至說一偈 是中應起塔

[illegible] 佛子住此地 則是佛受用

常在於其中 經行及坐臥

妙法蓮華經卷第五

BD00417A 金光明最勝王經卷一

（唐）義净 譯

BD00417Av 田籍（擬）

190.1cm × 25cm

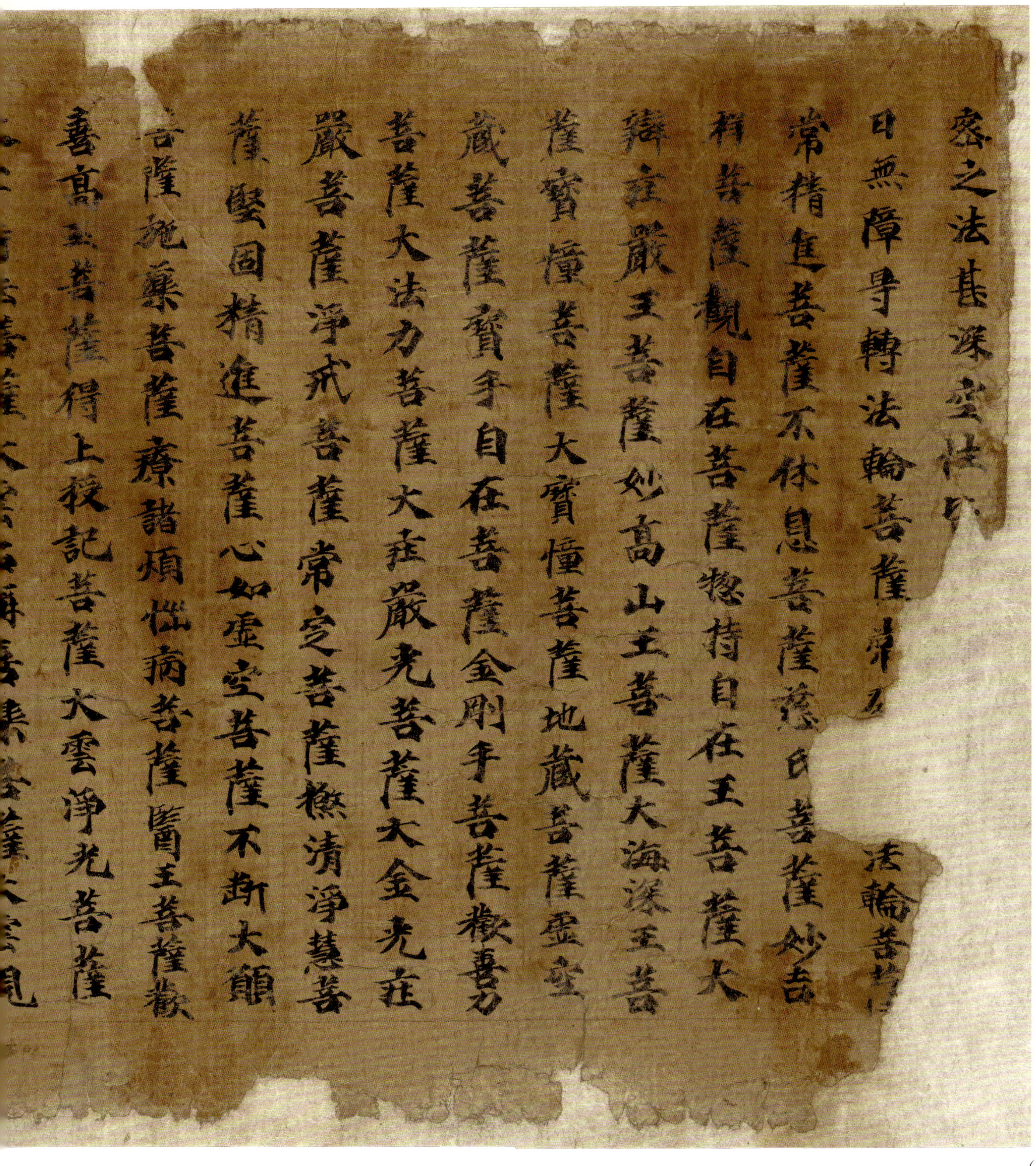

察之法甚深空性以
日無障导轉法輪菩薩常轉……法輪菩薩
常精進菩薩不休息菩薩慈氏菩薩妙吉
祥菩薩觀自在菩薩揔持自在王菩薩大
辯才莊嚴王菩薩妙高山王菩薩大海深王菩
薩寶幢菩薩大寶幢菩薩地藏菩薩虛空
藏菩薩寶手自在菩薩金剛手菩薩歡喜力
菩薩大法力菩薩大莊嚴光菩薩大金光莊
嚴菩薩淨戒菩薩常定菩薩極清淨慧菩
薩堅固精進菩薩心如虛空菩薩不斷大願
菩薩施藥菩薩療諸煩惱病菩薩醫王菩薩歡
喜高王菩薩得上授記菩薩大雲淨光菩薩

薩大雲吉祥菩薩大雲寶德菩薩大雲日
藏菩薩大雲月藏菩薩大雲星光菩薩大雲
火光菩薩大雲電光菩薩大雲雷音菩薩大
雲慧雨充遍菩薩大雲清淨雨王菩薩大雲
花樹王菩薩大雲青蓮花香菩薩大雲寶栴
檀香清涼身菩薩大雲除闇菩薩大雲破翳
菩薩如是等無量大菩薩衆各於晡時從定
而起往詣佛所頂礼佛足右繞三匝退坐一
面
復有梨車毗童子五億八千其名曰師子光
童子師子慧童子法授童子因陁羅授童子
大光童子大猛童子佛護童子法護童子僧
護童子金剛護童子虛空護童子虛空吼童

BD00417A　金光明最勝王經卷一

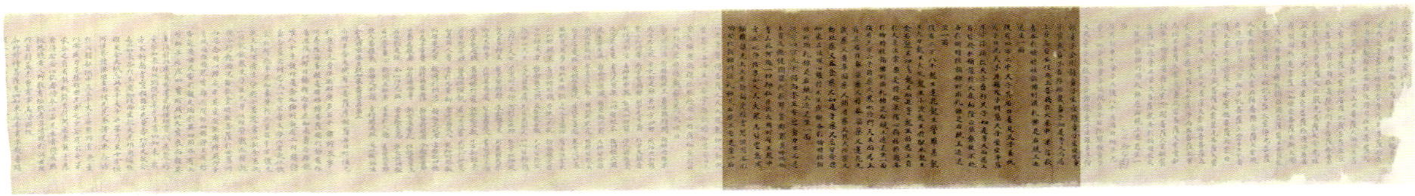

護童子金剛護童子虛空護童子虛空吼童
子寶藏童子吉祥妙藏童子如是等人而爲
上首悉皆安住無上菩提於大乘中深信歡
喜各於晡時往詣佛所頂禮佛足右繞三匝
退坐一面
復有四万二千天子其名曰喜見天子喜悅
天子日光天子月髻天子明慧天子虛空淨慧
天子除煩惱天子吉祥天子如是等天而爲上
首皆發弘願護持大乘紹隆正法能使不絕
各於晡時往詣佛所頂禮佛足右繞三匝退
坐一面
復有二万八千龍王蓮花龍王翳羅葉龍
王大力龍王大吼龍王小波龍王持駃水龍王

於晡時往詣佛所頂礼佛足右繞三匝退坐一面
復有三万六千諸藥叉衆毗沙門天王而為上
首其名曰菴婆藥叉持菴婆藥叉蓮花光
藏藥叉蓮華面藥叉頻眉藥叉現大怖藥叉
動地藥叉吞食藥叉如是等藥叉悉皆愛樂
如來正法深心護持不生疲懈各於晡時往詣
佛所頂礼佛足右繞三匝退坐一面
復有四万九千揭路荼王香象勢力王而為
上首及餘健闥婆阿蘇羅緊那羅莫呼洛伽
等山林河海一切神仙并諸大國所有王衆中
宮后妃淨信男女人天大衆悉皆雲集咸
願擁護无上大乘讀誦受持書寫流寫各於
晡時往詣佛所頂礼佛足右繞三匝退坐一面

BD00417A　金光明最勝王經卷一

晡時往詣佛所頂礼佛足右繞三匝退坐一面
如是等聲聞菩薩人天大衆龍神八部既
雲集已各各至心合掌恭敬瞻仰尊容目未
曾捨願樂欲聞殊勝妙法尒時薄伽梵於日
晡時從定而起觀察大衆而說頌曰
金光明妙法　最勝諸經王　甚深難得聞　諸佛之境界
我當為大衆　宣說如是經　并四方四佛　威神共加護
東方阿閦尊　南方寶相佛　西方无量壽　北方天鼓音
我復演妙法　吉祥懺中勝　能滅一切罪　淨除諸惡業
及消衆苦患　常與无量樂　一切智根本　諸功德莊嚴
衆生身不具　壽命將損減　諸惡相現前　天神皆捨離
親友懷瞋恨　眷屬悉分離　彼此共乖違　珍財皆散失
惡星為變怪　或被邪蠱侵　若復多憂愁　衆苦之所逼

由此經威力　能離諸灾横　及餘衆苦難　无不皆除滅
護世四天王　及大臣眷屬　无量諸藥叉　一心皆擁護
大辯才天女　尼連河水神　訶利底母神　堅牢地神衆
梵王帝釋主　龍王緊那羅　及金翅鳥王　阿蘇羅天衆
如是天神等　并將其眷屬　皆来護是人　晝夜常不離
我常說是經　甚深佛行處　諸佛秘密教　千万劫難逢
若有聞是經　能為他演說　若心生隨喜　或設於供養
如是諸人等　當於无量劫　常為諸天人　龍神所恭敬
此福聚无量　數過於恒沙　讀誦是經者　當獲斯功德
亦為十方尊　深行諸菩薩　擁護持經者　令離諸苦難
供養是經者　如前澡浴身　飲食及香花　恒起慈悲意
若欲聽是經　令心淨无垢　當生歡喜念　能長諸功德
若以尊重心　聽聞是經者　善生於人趣　遠離諸苦難

善以尊重心　聽聞是經者　善生於人趣　遠離諸苦難
彼人善根熟　諸佛之所讚　方得聞是經　及以懺悔法
金光明最勝王經如來壽量品第二
尒時王舍大城有一菩薩摩訶薩名曰妙幢已
於過去無量俱胝那庾多百千佛所承事
供養殖諸善根是時妙幢菩薩獨於静處作
是思惟以何因緣釋迦牟尼如來壽命短促
唯八十年復作是念如佛所說有二因緣得
壽命長云何為二一者不害生命二者施他飲
食然釋迦牟尼如來曾於無量百千萬億无
數大劫不害生命行十善道常以飲食惠施
一切飢餓衆生乃至已身血肉骨髓亦持施
與令得飽滿況餘飲食時彼菩薩於世尊所

香氣過諸天香芬馥充滿於其四面各有上
妙師子之座四寶所成以天寶衣而敷其
上復於此座有妙蓮花種種珎寶以爲嚴飾
量等如來自然顯現於蓮花上有四如來東
方不動南方寶相西方无量壽北方天鼓音
是四如來各於其座跏趺而坐放大光明周遍照
耀王舍大城及此三千大千世界乃至十方恒
河沙等諸佛國土雨諸天花奏諸天樂尒時
於此贍部洲中及三千大千世界所有衆生
以佛威力受勝妙樂无有乏少若身不具皆
蒙具足盲者能視聾者得聞瘂者能言愚
者得智若心亂者得本心若无衣者得衣服
被惡賤者人所敬有垢穢者身清潔於此世間

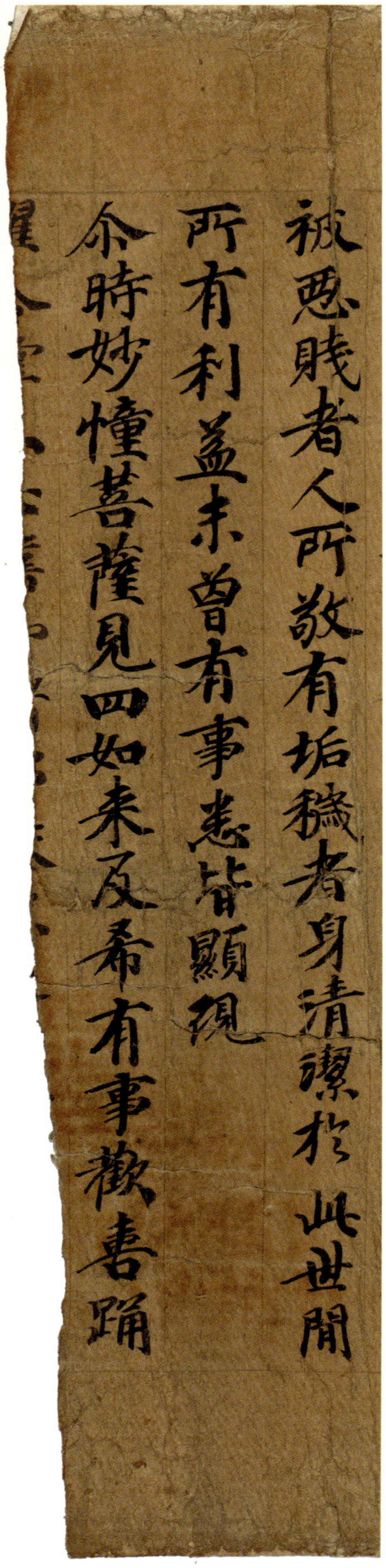

被惡賤者人所敬有垢穢者身清潔於此世間
所有利益未曾有事悉皆顯現
尒時妙幢菩薩見四如來及希有事歡喜踊

BD00417Av　田籍（擬）

BD00417B 妙法蓮華經卷三

（後秦）鳩摩羅什 譯

BD00417Bv 勘記

236.9cm × 25.3cm

又諸佛子　專心佛道　常行慈悲　自知作佛
決定无疑　是名小樹　安住神通　轉不退輪
度无量億　百千衆生　如是菩薩　名爲大樹
佛平等説　如一味雨　隨衆生性　所受不同
如彼草木　所稟各異　佛以此喻　方便開示
種種言辭　演説一法　於佛智慧　如海一渧
我雨法雨　充滿世間　一味之法　隨力脩行
如彼叢林　藥草諸樹　隨其大小　漸增茂好
諸佛之法　常以一味　令諸世間　普得具足
漸次脩行　皆得道果　聲聞緣覺　處於山林
住最後身　聞法得果　是名藥草　各得增長
若諸菩薩　智慧堅固　了達三界　求最上乘
是名小樹　而得增長　復有住禪　得神通力

譬如大雲　以一味雨　潤於人華　各得成實
迦葉當知　以諸因緣　種種譬喻　開示佛道
是我方便　諸佛亦然　今為汝等　說最實事
諸聲聞衆　皆非滅度　汝等所行　是菩薩道
漸漸脩學　悉當成佛

妙法蓮華經授記品第六

尒時世尊說是偈已告諸大衆唱如是言我
此弟子摩訶迦葉於未來世當得奉覲三百
万億諸佛世尊供養恭敬尊重讚歎廣宣諸
佛无量大法於最後身得成為佛名曰光明
如来應供正遍知明行足善逝世間解无上
士調御丈夫天人師佛世尊國名光德劫名
大莊嚴佛壽十二小劫正法住世二十小劫像

BD00417B　妙法蓮華經卷三

大莊嚴佛壽十二小劫正法住世二十小劫像
法亦住二十小劫國界嚴飾无諸穢惡瓦礫
荊棘便利不淨其土平正无有高下坑坎
堆阜瑠璃爲地寶樹行列黃金爲繩以界道
側散諸寶華周遍清淨其國菩薩无量千億
諸聲聞衆亦復无數无有魔事雖有魔及魔
民皆護佛法尒時世尊欲重宣此義而說偈
言
告諸比丘　我以佛眼　見是迦葉　於未來世
過无數劫　當得作佛　而於來世　供養奉覲
三百万億　諸佛世尊　爲佛智慧　淨脩梵行
供養最上　二足尊已　脩習一切　无上之慧
於最後身　得成爲佛　其土清淨　琉璃爲地

其地平正　无有丘坑　諸菩薩衆　不可稱計
其心調柔　逮大神通　奉持諸佛　大乘經典
諸聲聞衆　无漏後身　法王之子　亦不可計
乃以天眼　不能數知　其佛當壽　十二小劫
正法住世　二十小劫　像法亦住　二十小劫
光明世尊　其事如是
尒時大目揵連須菩提摩訶迦旃延等皆悉
悚慄一心合掌瞻仰尊顔目不蹔捨即共同
聲而說偈言
大雄猛世尊　諸釋之法王　哀愍我等故　而賜佛音聲
若知我深心　見為授記者　如以甘露灑　除熱得清涼
如從飢國來　忽遇大王饍　心猶懷疑懼　未敢即便食
若復得王教　然後乃敢食　我等亦如是　每惟小乘過

若復得王教　然後乃敢食　我等亦如是　每惟小乘過
不知當云何　得佛无上慧　雖聞佛音聲　言我等作佛
心尚懷憂懼　如未敢便食　若蒙佛授記　尒乃快安樂
大雄猛世尊　常欲安世間　願賜我等記　如飢須教食
尒時世尊知諸大弟子心之所念　告諸比丘
是須菩提於當來世奉覲三百万億那由他
佛供養恭敬尊重讚歎常脩梵行具菩薩道
於最後身得成為佛号曰名相如來應供正
遍知明行足善逝世間解无上士調御丈夫
天人師佛世尊劫名有寶國名寶生其土平
正頗梨為地寶樹莊嚴无諸丘坑沙礫荊棘
便利之穢寶華覆地周遍清淨其土人民皆
處寶臺珍妙樓閣聲聞弟子无量无邊筭數
譬喻所不能知諸菩薩衆无數千万億那由

亦住二十小劫其佛常處虛空為衆說法度
脫无量菩薩及聲聞衆尒時世尊欲重宣此
義而說偈言

諸比丘衆　今告汝等　皆當一心　聽我所說
我大弟子　須菩提者　當得作佛　号曰名相
當供无數　万億諸佛　隨佛所行　漸具大道
最後身得　三十二相　端正姝妙　猶如寶山
其佛國土　嚴淨第一　衆生見者　无不愛樂
佛於其中　度无量衆　其佛法中　多諸菩薩
皆悉利根　轉不退輪　彼國常以　菩薩莊嚴
諸聲聞衆　不可稱數　皆得三明　具六神通
住八解脫　有大威德　其佛說法　現於无量
神通變化　不可思議　諸天人民　數如恒沙

神通變化 不可思議 諸天人民 數如恒沙
皆共合掌 聽受佛語 其佛當壽 十二小劫
正法住世 二十小劫 像法亦住 二十小劫
尒時世尊復告諸比丘衆我今語汝是大迦
栴延於當来世以諸供具供養奉事八千億
佛恭敬尊重諸佛滅後各起塔廟高千由旬
縱廣正等五百由旬以金銀瑠璃車𤦲馬瑙
真珠玫瑰七寶合成衆華瓔珞塗香末香燒
香繒蓋幢幡供養塔廟過是已後當復供養
二万億佛亦復如是供養是諸佛已具菩薩
道當得作佛号曰閻浮那提金光如来應供
正遍知明行足善逝世間解无上士調御丈
夫天人師佛世尊其土平正頗梨為地寶樹

羅道多有天人諸聲聞衆及諸菩薩无量万
億莊嚴其國佛壽十二小劫正法住世二十
小劫像法亦住二十小劫尒時世尊欲重宣
此義而說偈言
諸比丘衆　皆一心聽　如我所說　真實无異
是迦旃延　當以種種　妙好供具　供養諸佛
諸佛滅後　起七寶塔　亦以華香　供養舍利
其㝡後身　得佛智慧　成等正覺　國土清淨
度脫无量　万億衆生　皆為十方　之所供養
佛之光明　无能勝者　其佛号曰　閻浮金光
菩薩聲聞　斷一切有　无量无數　莊嚴其國
尒時世尊復告大衆我今語汝是大目揵連
當以種種供具供養八千諸佛恭敬尊重諸

當以種種供具供養八千諸佛恭敬尊重諸
佛滅後各起塔廟高千由旬縱廣正等五百
由旬以金銀瑠璃車𤦲馬瑙真珠玫瑰七寶
合成衆華瓔珞塗香末香燒香繒蓋幢幡以
用供養過是已後當復供養二百万億諸佛
亦復如是當得成佛号曰多摩羅跋栴檀香
如來應供正遍知明行足善逝世間解无上
士調御丈夫天人師佛世尊劫名喜滿國名
意樂其土平正頗梨爲地寶樹莊嚴散真珠
華周遍清淨見者歡喜多諸天人菩薩聲聞
其數无量佛壽二十四小劫正法住世四十
小劫像法亦住四十小劫尒時世尊欲重宣
此義而說偈言

於諸佛所　常脩梵行　於无量劫　奉持佛法
諸佛滅後　起七寶塔　長表金刹　華香伎樂
而以供養　諸佛塔廟　漸漸具足　菩薩道已
於意樂國　而得作佛　号多摩羅　栴檀之香
其佛壽命　二十四劫　常為天人　演說佛道
聲聞无量　如恒河沙　三明六通　有大威德
菩薩无數　志固精進　於佛智慧　皆不退轉
佛滅度後　正法當住　四十小劫　像法亦尒
我諸弟子　威德具足　其數五百　皆當授記
於未來世　咸得成佛
我及汝等　宿世因緣　吾今當說　汝等善聽

妙法蓮華經化城喻品第七

佛告諸比丘乃往過去无量无邊不可思議

佛告諸比丘乃往過去无量无邊不可思議
阿僧祇劫尒時有佛名大通智勝如来應供
正遍知明行足善逝世間解无上士調御丈
夫天人師佛世尊其國名好成劫名大相諸
比丘彼佛滅度已来甚大久遠譬如三千大

BD00417Bv　勘記

BD00418 妙法蓮華經卷二

（後秦）鳩摩羅什 譯

141cm × 25.3cm

病死
得阿耨多羅三藐三菩
病死憂悲苦惱之所燒煮亦以五欲財利故
受種種苦又以貪著追求故現受衆苦後受
地獄畜生餓鬼之苦若生天上及在人間貧
窮困苦愛別離苦怨憎會苦如是等種種諸
苦衆生没在其中歡喜遊戲不覺不知不驚
不怖亦不生猒不求解脫於此三界火宅東
西馳走雖遭大苦不以為患舍利弗佛見此
已便作是念我為衆生之父應拔其苦難與
无量无邊佛智慧樂令其遊戲舍利弗如來
復作是念若我但以神力及智慧力捨於方
[illegible]

老病死憂悲苦惱而為三界火宅所燒何由
能解佛之智慧舍利弗如彼長者雖復身手
有力而不用之但以慇懃方便免濟諸子火
宅之難然後各與珍寶大車如來亦復如是
雖有力无所畏而不用之但以智慧方便於
三界火宅拔濟眾生為說三乘聲聞辟支佛
佛乘而作是言汝等莫得樂住三界火宅勿
貪麤弊色聲香味觸也若貪著生愛則為所
燒汝等速出三界當得三乘聲聞辟支佛佛
乘我今為汝保任此事終不虛也汝等但當
勤脩精進如來以是方便誘進眾生復作是
言汝等當知此三乘法皆是聖所稱歎自在

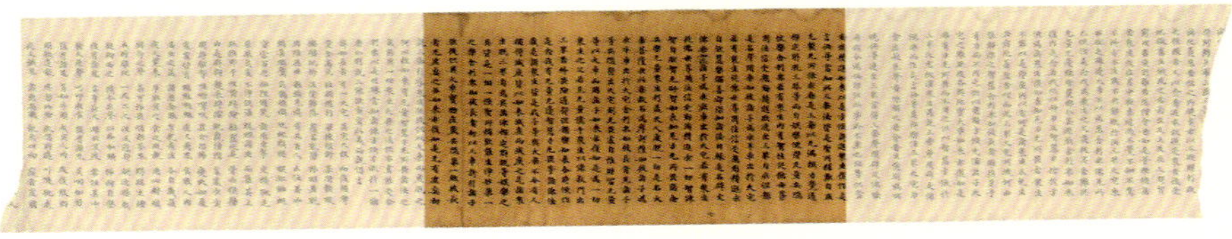

勤脩精進如來以是方便誘進衆生復作是
言汝等當知此三乘法皆是聖所稱歎自在
无繫无所依求乘是三乘以无漏根力覺道
禪定解脫三昧等而自娛樂便得无量安隱
快樂舍利弗若有衆生內有智性從佛世尊
聞法信受慇懃精進欲速出三界自求涅槃
是名聲聞乘如彼諸子爲求羊車出於火宅
若有衆生從佛世尊聞法信受慇懃精進求
自然慧樂獨善寂深知諸法因緣是名辟支
佛乘如彼諸子爲求鹿車出於火宅若有衆生
從佛世尊聞法信受勤脩精進求一切智佛
智自然智无師智如來知見力无所畏愍念
安樂无量衆生利益天人度脫一切是名大
乘菩薩求此乘故名爲摩訶薩如彼諸子爲

等安隱得出火宅到无畏處自惟財富无量
等以大車而賜諸子如來亦復如是為一切
衆生之父若見无量億千衆生以佛教門出
三界苦怖畏險道得涅槃樂如來尒時便作
是念我有无量无邊智慧力无畏等諸佛法
藏是諸衆生皆是我子等與大乘不令有人
獨得滅度皆以如來滅度而滅度之是諸衆
生脫三界者悉與諸佛禪定解脫等娛樂之
具皆是一相一種聖所稱歎能生淨妙第一
之樂舍利弗如彼長者初以三車誘引諸子
然後但與大車寶物莊嚴安隱第一然彼長
者无虛妄之咎如來亦復如是无有虛妄初

者无虛妄之各如來亦復如是无有虛妄初
說三乘引導衆生然後但以大乘而度脫之
何以故如來有无量智慧力无所畏諸法之
藏能與一切衆生大乘之法但不盡能受舍
利弗以是因緣當知諸佛方便力故於一佛
乘分別說三佛欲重宣此義而說偈言
譬如長者 有一大宅 其宅久故 而復頓弊
堂舍高危 柱根摧朽 梁棟傾斜 基陛頹毀
墻壁圮坼 泥塗褫落 覆苫亂墜 椽梠差脫
周障屈曲 雜穢充遍 有五百人 止住其中
鵄梟鵰鷲 烏鵲鳩鴿 蚖蛇蝮蝎 蜈蚣蚰蜒
守宮百足 狖狸鼷鼠 諸惡虫輩 交橫馳走

狐狼野干　咀嚼踐蹋　嚌齧死屍　骨肉狼藉
由是群狗　競來搏撮　飢羸慞惶　處處求食
鬪諍齟掣　啀喍嘷吠　其舍恐怖　變狀如是
處處皆有　魑魅魍魎　夜叉惡鬼　食噉人肉
毒蟲之屬　諸惡禽獸　孚乳產生　各自藏護
夜叉競來　爭取食之　食之既飽　惡心轉熾
鬪諍之聲　甚可怖畏　鳩槃荼鬼　蹲踞土埵
或時離地　一尺二尺　往返遊行　縱逸嬉戲
捉狗兩足　撲令失聲　以脚加頸　怖狗自樂
復有諸鬼　其身長大　裸形黑瘦　常住其中
發大惡聲　叫呼求食　復有諸鬼　其咽如針
復有諸鬼　首如牛頭　或食人肉　或復噉狗
頭髮蓬亂　殘害凶險　飢渴所逼　叫喚馳走
夜叉餓鬼　諸惡鳥獸　飢急四向　窺看窗牖

頭髮蓬亂　殘害凶險　飢渴所逼　叫喚馳走
夜叉餓鬼　諸惡鳥獸　飢急四向　窺看窓牖
人

BD00419

妙法蓮華經卷三

（後秦）鳩摩羅什 譯

244.2cm × 26.8cm

億諸佛
无量大法於最後身得
應供正遍知明行足善逝世間解
丈夫天人師佛世尊國名光德劫名大莊嚴
壽十二劫正法住世二十小劫像法亦住二十小
劫國界嚴飾无諸穢惡　荊棘便利不淨其
土平正无有高下坑坎堆阜瑠璃為地寶樹行
列黃金為繩以界道側散諸寶華周遍清淨其
國菩薩无量千億諸聲聞衆亦復无數无有
魔事雖有魔及魔民皆護佛法尒時世尊
欲重此義而說偈言
告諸比丘　我以佛眼　見是迦葉　於未來世

供養最上　兩足尊已　脩習一切　无上之慧
於最後身　得成佛爲　其土清淨　瑠璃爲地
多諸寶樹　行列道側　金繩界道　見者歡喜
常出好香　散衆名香　種種奇妙　以爲莊嚴
其地平正　无有丘坑　諸菩薩衆　不可稱計
其心調柔　逮大神通　奉持佛法　大乘經典
諸聲聞衆　无漏後身　法王之子　亦不可計
乃以天眼　不能數知　其佛當壽　十二小劫
正法住世　二十小劫　像法亦住　二十小劫
光明世尊　其事如是
尒時大目揵連須菩提摩訶迦旃延等皆悉
悚慄一心合掌瞻仰世尊目不暫捨即共同
聲而說偈言

悚慄一心合掌瞻仰尊顔目不暫捨即共同
聲而説偈言
大雄猛世尊　諸釋之法王　哀愍我等故　而賜佛音聲
若知我深心　見爲授記者　如以甘露灑　除熱得清涼
如從飢國來　忽遇大王饍　心猶懷疑懼　未敢即便食
若復得王教　然後乃敢食　我等亦如是　每惟小乘過
不知當云何　得佛无上慧　雖聞佛音聲　言我等作佛
心常懷憂懼　如未敢便食　若蒙佛授記　尒乃快安樂
大雄猛世尊　常欲安世間　願賜我等記　如飢須教食
尒時世尊知諸大弟子心之所念告諸比丘是須
菩提於當來世奉覲三百万億那由他佛供
養恭敬尊重讃歎常脩梵行具菩薩道於
最後身得成爲佛号曰名相如來應供正遍
知明行足善逝世間解无上士調御丈夫

梨為地寶樹莊嚴无諸丘坑沙礫荊棘便利之
穢寶華覆地周遍清淨其土人民皆處寶
臺珎妙樓閣聲聞弟子无量无邊筭數譬
所不能及諸菩薩衆无數千万億那由他佛
壽十二小劫正法住世二十小劫像法亦住二
十小劫其佛常處虛空為衆說法度脫无量
菩薩及聲聞衆尒時世尊欲重宣此義而
說偈言

諸比丘衆　今告汝等　皆當一心　聽我所說
我大弟子　須菩提者　當得作佛　号曰名相
當供无數　万億諸佛　隨佛所行　漸具大道
最後身得　三十二相　端正姝妙　猶如寶山
其佛國土　嚴淨第一　衆生見者　无不愛樂

其佛國土嚴淨第一衆生見者无不愛樂
佛於其中度无量衆其佛法中多諸菩薩
皆悉利根轉不退輪彼國常以菩薩莊嚴
諸聲聞衆不可稱數皆得三明具六神通
住八解脫有大威德其佛說法現於无量
神通變化不可思議諸天人民數如恒沙
皆共合掌聽受佛語其佛當壽十二小劫
正法住世二十小劫像法亦住二十小劫
尒時世尊復告諸比丘衆我今語汝是大迦
旃延於當來世以諸供具供養奉事八千億
佛恭敬尊重諸佛滅後各起塔廟高千由旬
縱廣正等五百由旬皆以金銀琉璃車𤦲馬瑙
真珠玫瑰七寶合成衆華瓔珞塗香末香燒

道當得作佛号曰閻浮那提金光如來應供正
遍知明行足善逝世間解无上士調御丈夫天
人師佛世尊其土平正頗梨為地寶樹莊嚴黃
金為繩以界道側妙華覆地周遍清淨見者歡
喜无四惡道地獄餓鬼畜生阿脩羅道多有天
人諸聲聞衆及諸菩薩无量万億莊嚴其國
佛壽十二小劫正法住世二十小劫尒時世尊欲
重此義而說偈言
諸比丘衆　皆一心聽　如我所說　真是无異
是迦旃延　當以種種　妙好供具　供養諸佛
諸佛滅後　起七寶塔　亦以華香　供養舍利
其最後身　得佛智慧　成等正覺　國土清淨

諸佛滅後起七寶塔亦以華香供養舍利
其最後身得佛智慧成等正覺國土清淨
度脫无量万億衆生皆爲十方之所供養
佛之光明无能勝者其佛号曰閻浮金光
菩薩聲聞斷一切有无量无數莊嚴其國
尒時世尊復告諸大衆我今語汝是大目揵連
當以種種供具供養八千諸佛恭敬尊重諸佛
滅後各起塔廟高千由旬縱廣正等五百由旬
以金銀琉璃車𤦲馬瑙真珠玫瑰七寶合成衆
華瓔珞塗香末香燒香繒蓋幢幡以用供養過
是以後當復供養二百万億諸佛亦復如是當
得成佛号曰多摩羅跋栴檀香如來應供正遍
知明行足善逝世間解无上士調御丈夫天人師
佛世尊劫名喜滿國名意樂其平土正頗梨

為地寶樹莊嚴散真珠華周遍清淨見者
歡喜多諸天人菩薩聲聞其數无量佛壽二
十四小劫正法住世四十小劫像法亦四十小劫尒
時世尊欲重宣此義而說偈言
我此弟子　大目揵連　捨此身已　得見八千
二百万億　諸佛世尊　為佛道故　供養恭敬
於諸佛所　常脩梵行　於无量劫　奉持佛法
諸佛滅後　起七寶塔　長表金剎　華香伎樂
而以供養　諸佛塔廟　漸漸具足　菩薩道已
於意樂國　而得作佛　号多摩羅　栴檀之香
其佛壽命　二十四劫　常為天人　演說佛道
聲聞无量　如恒河沙　三明六通　有大威德
菩薩无數　志固精進　於佛智慧　皆不退轉
佛滅度後　正法當住　四十小劫　像法亦尒

聲聞无量 如恒河沙 三明六通 有大威德
菩薩无數 志固精進 於佛智慧 皆不退轉
佛滅度後 正法當住 四十小劫 像法亦尒
我諸弟子 威德具足 其數五百 皆當授記
於未來世 咸得成佛 我及汝等 宿世因緣
吾今當說 汝等善聽

妙法蓮華經化城喻品第七

佛告諸比丘乃往過去无量无邊不可思議
阿僧祇劫尒時有佛名大通智勝如來應供
正遍知明行足善逝世間解无上士調御丈夫
天人師佛世尊其國名好成劫名大相諸比丘
彼佛滅度已來甚大久遠譬如三千大千世
界所有地種假使有人磨以為墨過於東方千

國土若筭師若筭師弟子能得邊際知其數不
不也世尊諸比丘是人所經國土若點不點盡
末為微塵一塵一劫彼佛滅度已來復過是
數无量无邊百千億阿僧祇劫我以如來知見
力故觀彼久遠猶若今日尒時世尊欲重宣此義
而說偈言

我念過去世　无量无邊劫　有佛兩足尊　名大通智勝
如人以力磨　三千大千土　盡此諸地種　皆悉以為墨
過於千國土　乃下一塵點　如是展轉點　盡此諸塵墨
如是諸國土　點與不點等　復盡末為塵　一塵為一劫
此諸微塵數　其劫復過是　彼佛滅度來　如是无量劫
如來无礙智　知彼佛滅度　及聲聞菩薩　如見今滅度
諸比丘當知　佛智淨微妙　无漏无所礙　通達无量劫

諸比丘當知　佛智淨微妙　无漏无所礙　通達无量劫
佛告諸比丘大通智勝佛壽五百四十万億那
由他劫其佛本坐道場破魔軍已垂得阿耨
多羅三藐三菩提而諸佛法不現在前如是
一小劫乃至十小劫結跏趺坐身心不動而諸

BD00420

金剛般若波羅蜜經

（後秦）鳩摩羅什 譯

334.7cm × 25.2cm

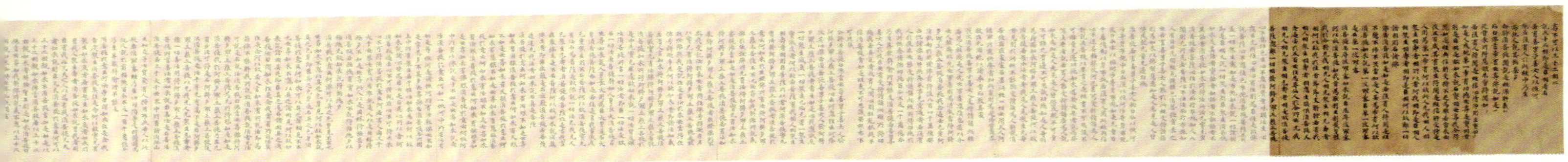

尊不可以三十二相得
説三十二相即是非相是名
若有善男子善女人以恒河
施若復有人於此經中乃至
為他人説其福甚多
尒時須菩提聞説是經深解義趣
而白佛言希有世尊佛説如是甚
從昔来所得慧眼未曾得聞如是
若復有人得聞是經信心清淨則生實相
知是人成就第一希有功德世尊是實相者
則是非相是故如来説名實相世尊我今得
聞如是經典信解受持不足為難若當来世
後五百歲其有衆生得聞是經信解受持是

相衆生相壽者相即是非相何以故離一切
諸相則名諸佛
佛告須菩提如是如是若復有人得聞是經
不驚不怖不畏當知是人甚為希有何以故
須菩提如來說第一波羅蜜非第一波羅蜜
是名第一波羅蜜
須菩提忍辱波羅蜜如來說非忍辱波羅蜜
何以故須菩提如我昔為歌利王割截身體
我於尒時无我相无人相无衆生相无壽者
相何以故我於往昔節節支解時若有我
相人相衆生相壽者相應生瞋恨須菩提又
念過去於五百世作忍辱仙人於尒所世无我
相无人相无衆生相无壽者相是故須菩提
菩薩應離一切相發阿耨多羅三藐三菩提

菩薩應離一切相發阿耨多羅三藐三菩提
心不應住色生心不應住聲香味觸法生心
應生无所住心若心有住則為非住是故佛
說菩薩心不應住色布施須菩提菩薩為利
益一切衆生應如是布施如来說一切諸相
即是非相又說一切衆生則非衆生須菩提
如来是真語者實語者如語者不誑語者不
異語者須菩提如来所得法此法无實无虚
須菩提若菩薩心住於法而行布施如人入
闇則无所見若菩薩心不住法而行布施如
人有目日光明照見種種色須菩提當来之
世若有善男子善女人能於此經受持讀誦
則為如来以佛智慧悉知是人悉見是人皆
得成就无量无邊功德

後日分亦以恒河沙等身布施如是无量百
千萬億劫以身布施若復有人聞此經典信
心不逆其福勝彼何况書寫受持讀誦為人
解説須菩提以要言之是經有不可思議不
可稱量无邊功德如來為發大乘者説為發
最上乘者説若有人能受持讀誦廣為人説
如來悉知是人悉見是人皆得成就不可量
不可稱无有邊不可思議功德如是人等則
為荷擔如來阿耨多羅三藐三菩提何以故
須菩提若樂小法者著我見人見衆生見壽
者見則於此經不能聽受讀誦為人解説須
菩提在在處處若有此經一切世間天人阿
脩羅所應供養當知此處則為是塔皆應恭
敬作禮圍繞以諸華香而散其處

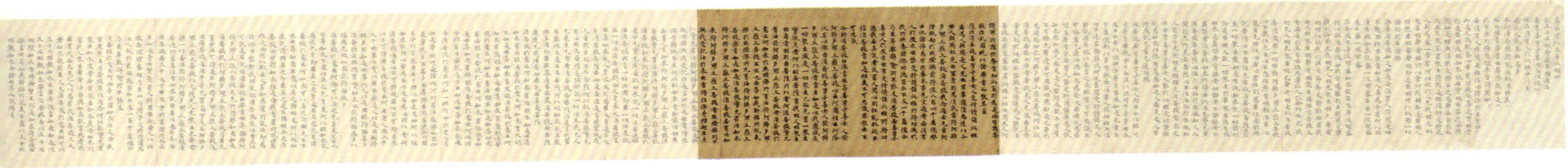

脩羅所應供養當知此處則為是塔皆應恭
敬作礼圍繞以諸華香而散其處
復次須菩提善男子善女人受持讀誦此經
若為人輕賤是人先世罪業應墮惡道以今
世人輕賤故先世罪業則為消滅當得阿耨
多羅三藐三菩提須菩提我念過去无量阿
僧祇劫於然燈佛前得值八百四千萬億那
由他諸佛悉皆供養承事无空過者若復有
人於後末世能受持讀誦此經所得功德於
我所供養諸佛功德百分不及一千萬億分
乃至筭數譬喻所不能及須菩提若善男子
善女人於後末世有受持讀誦此經所得功
德我若具說者或有人聞心則狂亂狐疑不
信須菩提當知是經義不可思議果報亦不

阿耨多羅三藐三菩提心云何應住云何降
伏其心佛告須菩提善男子善女人發阿耨
多羅三藐三菩提者當生如是心我應滅度
一切衆生滅度一切衆生已而无有一衆生
實滅度者何以故若菩薩有我相人相衆生
相壽者相則非菩薩所以者何須菩提實无
有法發阿耨多羅三藐三菩提者須菩提於
意云何如来於然燈佛所有法得阿耨多羅
三藐三菩提不不也世尊如我解佛所說義
佛於然燈佛所无有法得阿耨多羅三藐三
菩提佛言如是如是須菩提實无有法如来
得阿耨多羅三藐三菩提須菩提若有法如
来得阿耨多羅三藐三菩提者然燈佛則不
與我受記汝於来世當得作佛号釋迦牟尼

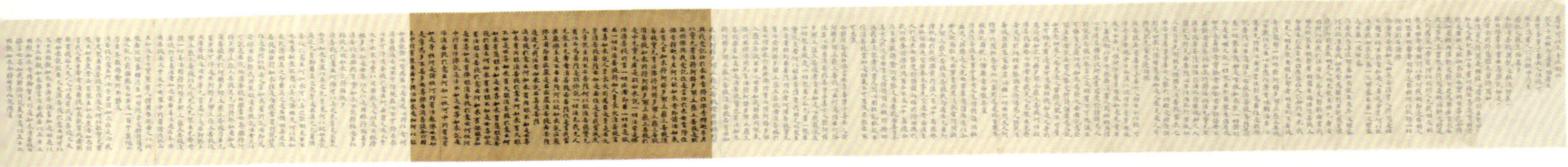

與我受記汝於來世當得作佛号釋迦牟尼
以實无有法得阿耨多羅三藐三菩提是故
然燈佛與我受記作是言汝於來世當得作
佛号釋迦牟尼何以故如來者即諸法如義
若有人言如來得阿耨多羅三藐三菩提須
菩提實无有法佛得阿耨多羅三藐三菩提
須菩提如來所得阿耨多羅三藐三菩提於
是中无實无虛是故如來說一切法皆是佛
法須菩提所言一切法者即非一切法是故
名一切法須菩提譬如人身長大須菩提言
世尊如來說人身長大則為非大身是名大
身須菩提菩薩亦如是若作是言我當滅度
无量衆生則不名菩薩何以故須菩提實无
有法名為菩薩是故佛說一切法无我无人

佛土者即非莊嚴是名莊嚴須菩提若菩薩
通達无我法者如来說名真是菩薩
須菩提於意云何如来有肉眼不如是世尊
如来有肉眼須菩提於意云何如来有天眼
不如是世尊如来有天眼須菩提於意云何
如来有慧眼不如是世尊如来有慧眼須菩
提於意云何如来有法眼不如是世尊如来
有法眼須菩提於意云何如来有佛眼不如
是世尊如来有佛眼須菩提於意云何恒河
中所有沙佛說是沙不如是世尊如来說是
沙須菩提於意云何如一恒河中所有沙有
如是等恒河是諸恒河所有沙數佛世界如
是寧為多不甚多世尊佛告須菩提尒所國
土中所有衆生若干種心如来悉知何以故

是寧為多不甚多世尊佛告須菩提尒所國
土中所有衆生若干種心如来悉知何以故
如来説諸心皆為非心是名為心所以者何
須菩提過去心不可得現在心不可得未来
心不可得須菩提於意云何若有人滿三千
大千世界七寳以用布施是人以是因緣得
福多不如是世尊此人以是因緣得福甚多
須菩提若福徳有實如来不説得福徳多以
福徳无故如来説得福徳多
須菩提於意云何佛可以具足色身見不不也
世尊如来不應以具足色身見何以故如来説
具足色身即非具足色身是名具足色身須
菩提於意云何如来可以具足諸相見不不
也世尊如来不應以具足諸相見何以故如

作是念何以故若人言如來有所說法即為
謗佛不能解我所說故須菩提說法者无法
可說是名說法須菩提白佛言世尊佛得阿
耨多羅三藐三菩提為无所得耶如是如是
須菩提我於阿耨多羅三藐三菩提乃至无
有少法可得是名阿耨多羅三藐三菩提復
次須菩提是法平等无有高下是名阿耨多
羅三藐三菩提以无我无人无衆生无壽者
脩一切善法則得阿耨多羅三藐三菩提須
菩提所言善法者如來說非善法是名善法
須菩提若三千大千世界中所有諸須弥山
王如是等七寶聚有人持用布施若人以此
般若波羅蜜經乃至四句偈等受持讀誦為
他人說於前福德百分不及一百千萬億分

般若波羅蜜經乃至四句偈等受持讀誦為
他人說於前福德百分不及一百千萬億分
乃至筭數譬喻所不能及
須菩提於意云何汝等勿謂如来作是念我
當度衆生須菩提莫作是念何以故實无有
衆生如来度者若有衆生如来度者如来則
有我人衆生壽者須菩提如来說有我者則
非有我而凡夫之人以為有我須菩提凡夫
者如来說則非凡夫須菩提於意云何可以
三十二相觀如来不須菩提言如是如是以
三十二相觀如来佛言須菩提若以三十二
相觀如来者轉輪聖王則是如来須菩提白
佛言世尊如我解佛所說義不應以三十二
相觀如来尒時世尊而說偈言

須菩提汝若作是念如來不以具足相故得
阿耨多羅三藐三菩提須菩提莫作是念如
來不以具足相故得阿耨多羅三藐三菩
提須菩提汝若作是念發阿耨多羅三藐三
菩提者說諸法斷滅相莫作是念何以故發
阿耨多羅三藐三菩提者於法不說斷滅相須
菩提若菩薩以滿恒河沙等世界七寶布施
若復有人知一切法无我得成於忍此菩薩
勝前菩薩所得功德須菩提以諸菩薩不受
福德故須菩提白佛言世尊云何菩薩不受
福德須菩提菩薩所作福德不應貪著是故
說不受福德須菩提若有人言如來若來若
去若坐若臥是人不解我所說義何以故如
來者无所從來亦无所去故名如來
須菩提若善男子善女人以三千大千世界

来者无所從来亦无所去故名如来
須菩提若善男子善女人以三千大千世界
碎為微塵於意云何是微塵衆寧為多不甚
多世尊何以故若是微塵衆實有者佛則不
説是微塵衆所以者何佛説微塵衆則非微
塵衆是名微塵衆世尊如来所説三千大千
世界則非世界是名世界何以故若世界實
有者則是一合相如来説一合相則非一合
相是名一合相須菩提一合相者則是不可
説但凡夫之人貪著其事須菩提若人言佛
説我見人見衆生見壽者見須菩提於意云
何是人解我所説義不世尊是人不解如来
所説義何以故世尊説我見人見衆生見壽
者見即非我見人見衆生見壽者見是名我

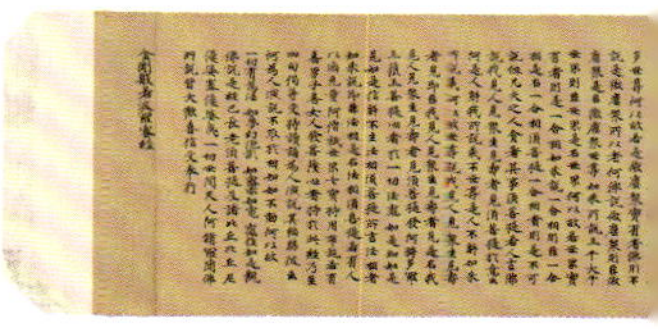

見如是信解不生法相須菩提所言法相者
如來說即非法相是名法相須菩提若有人
以滿无量阿僧祇世界七寶持用布施若有
善男子善女人發菩薩心者持於此經乃至
四句偈等受持讀誦為人演說其福勝彼云
何為人演說不取於相如如不動何以故
一切有為法　如夢幻泡影　如露亦如電　應作如是觀
佛說是經已長老須菩提及諸比丘比丘尼
優婆塞優婆夷一切世間天人阿脩羅聞佛
所說皆大歡喜信受奉行

金剛般若波羅蜜經

BD00420　金剛般若波羅蜜經

金剛般若波羅蜜經

BD00421 維摩詰所說經（异卷）卷三

（後秦）鳩摩羅什 譯

201cm × 25cm

則无滅得此无生法
德守菩薩曰我我所為二因有
所若无有我則无我所是為入不二法門
不眴菩薩曰受不受為二若法不受則不可
得以不可得故无取无捨无作无行是為入
不二法門
德頂菩薩曰垢淨為二見垢實性則无淨相
順於滅相是為入不二法門
善宿菩薩曰是動是念為二不動則无念无
念即无分別通達此者是為入不二法門
善眼菩薩曰一相无相為二若知一相即是
无相亦不取无相入於平等是為入不二法
門

法門
弗沙菩薩曰善不善為二若不起善不善入
无相際而通達者是為入不二法門
師子菩薩曰罪福為二若達罪性則與福无
異以金剛慧決了此相无縛无解者是為入
不二法門
師子意菩薩曰有漏无漏為二若得諸法等
則不起漏不漏想不著於相亦不住无相是
為入不二法門
淨解菩薩曰有為无為為二若離一切數則
心如虛空以清淨慧无所导者是為入不二
法門
那羅延菩薩曰世間出世間為二世間性空
即是出世間於其中不入不出不溢不散是

那羅延菩薩曰世間出世間為二世間性空
即是出世間於其中不入不出不溢不散是
為入不二法門
善意菩薩曰生死涅槃為二若見生死性則
无生死无縛无解不然不滅如是解者是為
入不二法門
現見菩薩曰盡不盡為二法若究竟盡若不
盡皆是无盡相无盡相即是空空則无有盡
不盡相如是入者是為入不二法門
普守菩薩曰我无我為二我尚不可得非我
何可得見我實性者不復起二是為入不二
法門
電天菩薩曰明无明為二无明性即是明明
亦不可取離一切數於其中平等无二者是
為入不二法門

空色性自空如是受想行識識空為二識即
是空非識滅空識性自空於其中而通達者
是為入不二法門
明相菩薩曰四種異空種異為二四種性即
是空種性如前際後際空故中際亦空若能
如是知諸種性者是為入不二法門
妙意菩薩曰眼色為二若知眼性於色不貪
不恚不癡是名寂滅如是耳聲鼻香舌味身
觸意法為二若知意性於法不貪不恚不癡
是名寂滅安住其中是為入不二法門
无盡意菩薩曰布施迴向一切智為二布施
性即是迴向一切智性如是持戒忍辱精進
禪定智慧迴向一切智為二智慧性即是迴
向一切智性於其中入一相者是為入不二

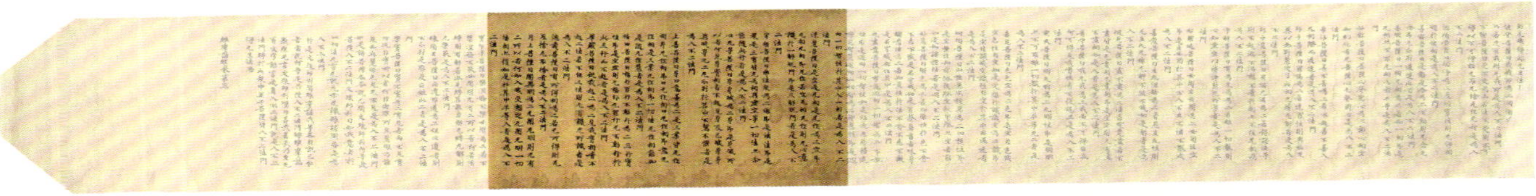

向一切智性於其中入一相者是為入不二
法門
深慧菩薩曰是空是无相是无作為二空即
无相无相即无作若空无相无作則无心意
識於一解脫門即是三解脫門者是為入不
二法門
寂根菩薩曰佛法衆為二佛即是法法即是
衆是三寶皆无為相與虛空等一切法亦尒
能隨此行者是為入不二法門
心无㝵菩薩曰身身滅為二身即是身滅所
以者何見身實相者不起見身及已滅身身
與滅身无二无分別於其中不驚不懼者是
為入不二法門

作相是三業无作相即一切法无作相能如
是隨无作慧者是為入不二法門
福田菩薩曰福行罪行不動行為二三行實
性即是空空則无福行无罪行无不動行於
此三行而不起者是為入不二法門
華嚴菩薩曰從我起二為二見我實相者不
起二法若不住二法則无有識无所識者是
為入不二法門
德藏菩薩曰有所得相為二若无所得則无
取捨无取捨者是為入不二法門
月上菩薩曰闇與明為二无闇无明則无有
二所以者何如入滅受想定无闇无明一切
法相亦復如是於其中平等入者是為入不
二法門

二法門
寶印手菩薩曰樂涅槃不樂世間為二若不
樂涅槃不猒世間則无有二所以者何若有
縛則有解若本无縛其誰求解无縛无解則
无樂猒是為入不二法門
珠頂王菩薩曰正道耶道為二住正道者則
不分別是耶是正離此二者是為入不二法
門
樂實菩薩曰實不實為二實見者尚不見實
何況非實所以者何非肉眼所見慧眼乃能
見而此慧眼无見无不見是為入不二法門
如是諸菩薩各各說已問文殊師利何等是
菩薩入不二法門文殊師利曰如我意者於
一切法无言无說无示无識離諸問答是為

於是文殊師利問維摩詰我等各自說已仁
者當說何等是菩薩入不二法門時維摩詰
默然无言文殊師利嘆曰善哉善哉乃至无
有文字語言是真入不二法門說是入不二
法門時於此衆中五千菩薩皆入不二法門
得无生法忍

維摩詰經卷第三

BD00422　妙法蓮華經卷四

（後秦）鳩摩羅什 譯

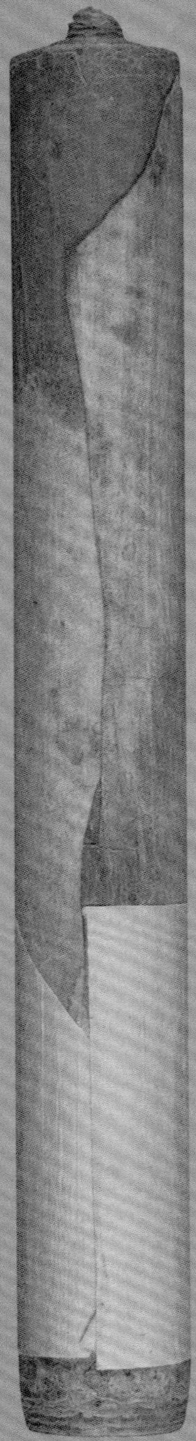

563.1cm×25.3cm

若有得聞是經典者乃能善行菩
有衆生求佛道者若見若聞是法華經聞已
信解受持者當知是人得近阿耨多羅三藐
三菩提
藥王譬如有人渴乏須水於彼高原穿鑿求
之猶見乾土知水尚遠施功不已轉見濕土
遂漸至泥其心決定知水必近菩薩亦復如
是若未聞未解未能修習是法華經當知是
人去阿耨多羅三藐三菩提尚遠若得聞解
思惟修習必知得近阿耨多羅三藐三菩提
所以者何一切菩薩阿耨多羅三藐三菩提
皆屬此經此經開方便門示真實相是法華
經藏深固幽遠無人能到今佛教化成就菩

疑怖畏當知是為新發意菩薩若聲聞人聞
是經驚疑怖畏當知是為增上慢者藥王若
有善男子善女人如來滅後欲為四衆說是
法華經者云何應說是善男子善女人入如來
室著如來衣坐如來座尒乃應為四衆廣說斯
經如來室者一切衆生中大慈悲心是如來
衣者柔和忍辱心是如來座者一切法空是
安住是中然後以不懈怠心為諸菩薩及四
衆廣說是法華經藥王我於餘國遣化人為
其集聽法衆亦遣化比丘比丘尼優婆塞優
婆夷聽其說法是諸化人聞法信受隨順不
逆若說法者在空閑處我時廣遣天龍鬼神
乾闥婆阿脩羅等聽其說法我雖在異國時

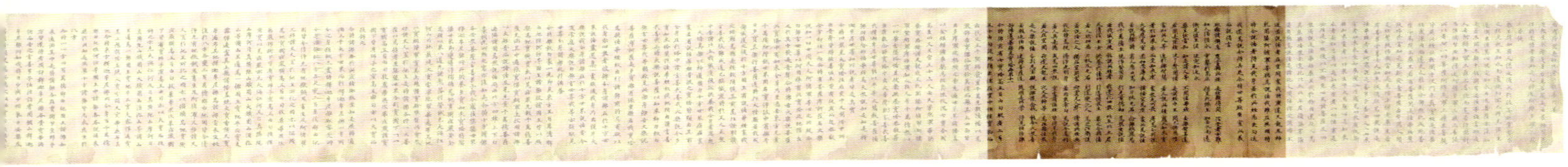

逆若說法者在空閑處我時廣遣天龍鬼神
乾闥婆阿脩羅等聽其說法我雖在異國時
時令說法者得見我身若於此經忘失句逗
我還為說令得具足尒時世尊欲重宣此義
而說偈言
欲捨諸懈怠　應當聽此經　是經難得聞　信受者亦難
如人渴須水　穿鑿於高原　猶見乾燥土　知去水尚遠
漸見濕土泥　決定知近水
藥王汝當知　如是諸人等　不聞法華經　去佛智甚遠
若聞是深經　決了聲聞法　是諸經中王　聞已諦思惟
當知此人等　近於佛智慧　若人說此經　應入如來室
著於如來衣　而坐如來座　處眾無所畏　廣為分別說

我千萬億土　現淨堅固身　於无量億劫　為衆生說法
若我滅度後　能說此經者　我遣化四衆　比丘比丘尼
及清信士女　供養於法師　引導諸衆生　集之令聽法
若人欲加惡　刀杖及瓦石　則遣變化人　為之作衛護
若說法之人　獨在空閑處　寂寞无人聲　讀誦此經典
我尒時為現　清淨光明身　若忘失章句　為說令通利
若人具是德　或為四衆說　空處讀誦經　皆得見我身
若人在空閑　我遣天龍王　夜叉鬼神等　為作聽法衆
是人樂說法　分別无罣礙　諸佛護念故　能令大衆喜
若親近法師　速得菩薩道　隨順是師學　得見恒沙佛

妙法蓮華經見寶塔品第十一

尒時佛前有七寶塔高五百由旬縱廣二百
五十由旬從地涌出住在空中種種寶物而

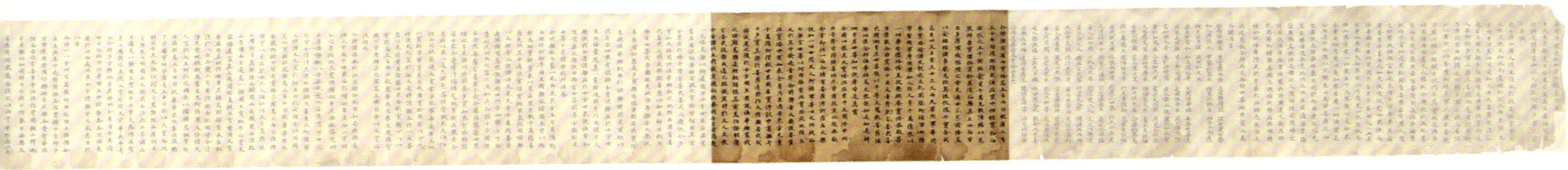

尒時佛前有七寶塔高五百由旬縱廣二百
五十由旬從地踊出住在空中種種寶物而
莊校之五千欄楯龕室千萬无數幢幡以為
嚴飾垂寶瓔珞寶鈴萬億而懸其上四面皆
出多摩羅跋栴檀之香充遍世界其諸幡蓋
以金銀瑠璃車𤦲馬瑙真珠玫瑰七寶合成
高至四天王宮三十三天雨天曼陁羅華供
養寶塔餘諸天龍夜叉乹闥婆阿脩羅迦樓
羅緊那羅摩睺羅伽人非人等千萬億衆以
一切華香瓔珞幡蓋伎樂供養寶塔恭敬尊
重讚歎尒時寶塔中出大音聲歎言善哉善
哉釋迦牟尼世尊能以平等大慧教菩薩法

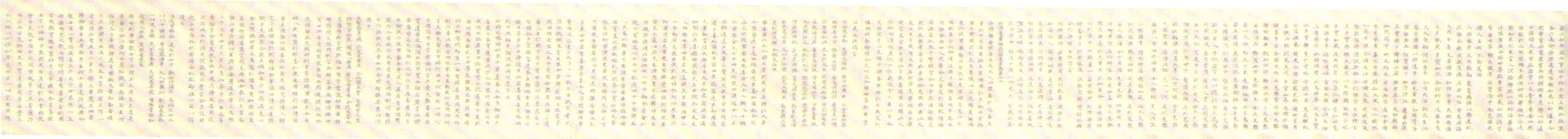

尒時四衆見大寶塔住在空中又聞塔中所
出音聲皆得法喜怪未曾有從座而起恭敬
合掌却住一面尒時有菩薩摩訶薩名大樂
說知一切世間天人阿脩羅等心之所疑而
白佛言世尊以何因緣有此寶塔從地踊出
又於其中發是音聲尒時佛告大樂說菩薩
此寶塔中有如來全身乃至過去東方无量
千萬億阿僧祇世界國名寶淨彼中有佛号
曰多寶其佛行菩薩道時作大誓願若我成
佛滅度之後於十方國土有說法華經處我
之塔廟爲聽是經故踊現其前爲作證明讚
言善哉彼佛成道已臨滅度時於天人大衆
中告諸比丘我滅度後欲供養我全身者應起

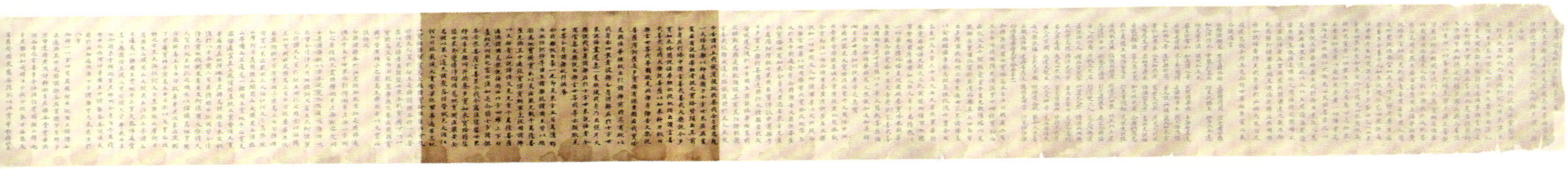

中告諸比丘我滅度後欲供養我全身者應起
一大塔其佛以神通願力十方世界在在處
處若有說法華經者彼之寶塔皆踊出其前
全身在於塔中讚言善哉善哉大樂說今多
寶如來塔聞說法華經故從地踊出讚言善
哉善哉是時大樂說菩薩以如來神力故白
佛言世尊我等願欲見此佛身佛告大樂說
菩薩摩訶薩是多寶佛有深重願若我寶塔
為聽法華經故出於諸佛前時其有欲以
我身示四衆者彼佛分身諸佛在於十方世
界說法盡還集一處然後我身乃出現耳大
樂說我分身諸佛在於十方世界說法者今

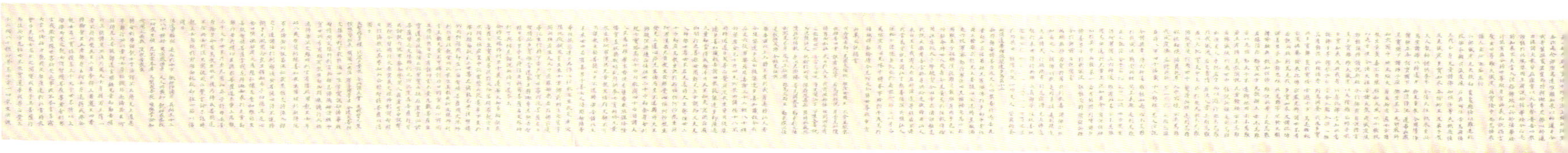

尒時佛放白豪一光即見東方五百萬億那
由他恒河沙等國土諸佛彼諸國土皆以頗
梨為地寶樹寶衣以為莊嚴无數千萬億菩
薩充滿其中遍張寶幔寶網羅上彼國諸佛
以大妙音而說諸法及見无量千萬億菩薩
遍滿諸國為衆說法南西北方四維上下白
豪相光所照之處亦復如是尒時十方諸佛
各告衆菩薩言善男子我今應往娑婆世界
釋迦牟尼佛所并供養多寶如來寶塔時娑
婆世界即變清淨瑠璃為地寶樹莊嚴黄金
為繩以界八道无諸聚落村營城邑大海江
河山川林藪燒大寶香曼陁羅華遍布其地

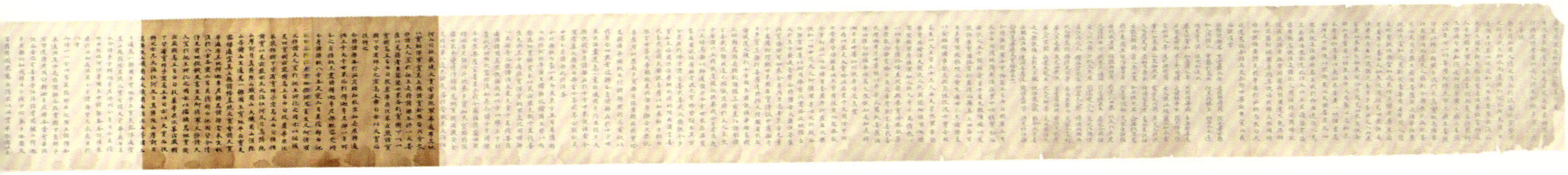

河山川林藪燒大寶香曼陁羅華遍布其地
以寶網幔羅覆其上懸諸寶鈴唯留此會衆
移諸天人置於他土是時諸佛各將一大菩
薩以為侍者至娑婆世界各到寶樹下一一
寶樹高五百由旬枝葉華果次第莊嚴諸寶
樹下皆有師子之座高五由旬亦以大寶而
挍飾之
尒時諸佛各於此座結跏趺坐如是展轉遍
滿三千大千世界而於釋迦牟尼佛一方所
分之身猶故未盡時釋迦牟尼佛欲容受所
分身諸佛故八方各更變二百萬億那由他
國皆令清淨无有地獄餓鬼畜生及阿脩羅

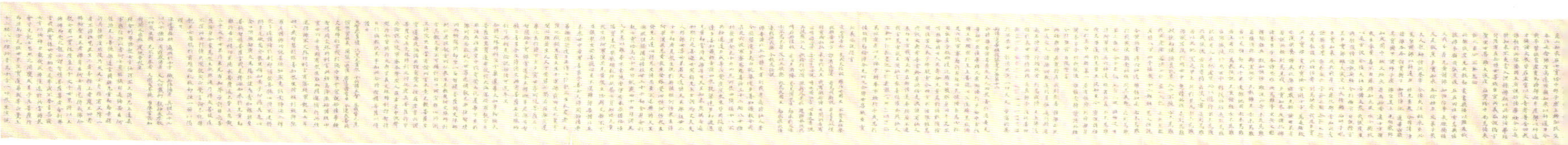

地寶樹莊嚴樹高五百由旬枝葉華果次
苐嚴飾樹下皆有寶師子座高五由旬種種
諸寶以為莊嚴亦无大海江河及目真隣陁
山摩訶目真隣陁山鐵圍山大鐵圍山須弥
山等諸山王通為一佛國土寶地平正寶交
露幔遍覆其上懸諸幡蓋燒大寶香諸天寶
華遍布其地釋迦牟尼佛為諸佛當来坐故
復於八方各變二百萬億那由他國皆令清
淨无有地獄餓鬼畜生及阿脩羅又移諸天
人置於他土所化之國亦以瑠璃為地寶樹
莊嚴樹高五百由旬枝葉華果次第莊嚴樹
下皆有寶師子座高五由旬亦以大寶而校
飾之亦无大海江河及目真隣陁山摩訶目
真隣陁山鐵圍山大鐵圍山須弥山等諸山

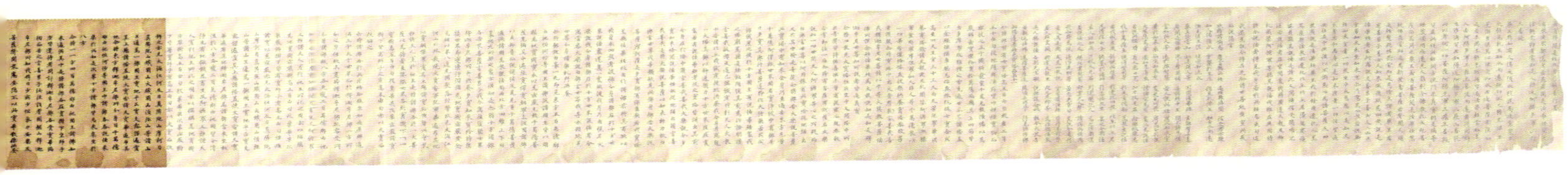

飾之亦无大海江河及目真隣陁山摩訶目
真隣陁山鐵圍山大鐵圍山須弥山等諸山
王通爲一佛國土寶地平正寶交露幔遍覆
其上懸諸幡蓋燒大寶香諸天寶華遍布其
地尒時東方釋迦牟尼佛所分身百千萬億
那由他恒河沙等國土中諸佛各各說法来
集於此如是次第十方諸佛皆悉来集坐於
八方
尒時一一方四百萬億那由他國土諸佛如
来遍滿其中是時諸佛各在寶樹下坐師子
座皆遣侍者問訊釋迦牟尼佛各賫寶華滿
掬而告之言善男子汝往詣耆闍崛山釋迦
牟尼佛所如我辭曰少病少惱氣力安樂及

而作是言彼某甲佛與欲開此寶塔諸佛遣
使亦復如是尒時釋迦牟尼佛見所分身佛
悉已來集各各坐於師子之座皆聞諸佛與
欲同開寶塔即從座起住虛空中一切四衆
起立合掌一心觀佛於是釋迦牟尼佛以右
指開七寶塔戶出大音聲如却關鑰開大城
門即時一切衆會皆見多寶如來於寶塔中
坐師子座全身不散如入禪定又聞其言善
哉善哉釋迦牟尼佛快說是法華經我為聽
是經故而來至此尒時四衆等見過去无量
千万億劫滅度佛說如是言歎未曾有以天
寶華聚散多寶佛及釋迦牟尼佛上尒時多

寶華聚散多寶佛及釋迦牟尼佛上尒時多
寶佛於寶塔中分半座與釋迦牟尼佛而作
是言釋迦牟尼佛可就此座即時釋迦牟尼
佛入其塔中坐其半座結跏趺坐尒時大衆
見二如来在七寶塔中師子座上結跏趺坐
各作是念佛座高遠唯願如来以神通力令
我等輩俱處虚空即時釋迦牟尼佛以神通
力接諸大衆皆在虚空以大音聲普告四衆
誰能於此娑婆國土廣說妙法華經今正是
時如来不久當入涅槃佛欲以此妙法華經
付囑有在尒時世尊欲重宣此義而說偈言
聖主世尊　雖久滅度　在寶塔中　尚爲法来

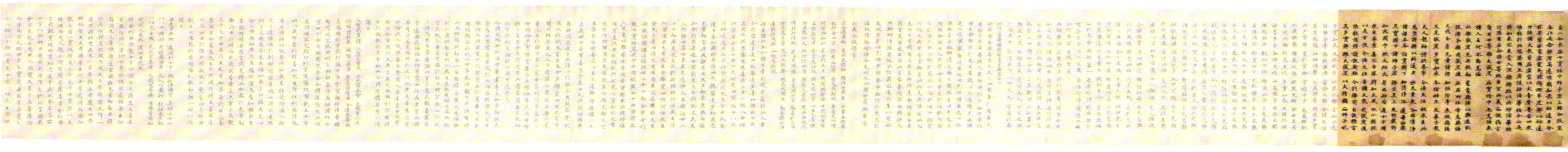

彼佛本願　我滅度後　在在所往　常為聽法
又我分身　无量諸佛　如恒沙等　来欲聽法
及見滅度　多寶如来　各捨妙土　及弟子衆
天人龍神　諸供養事　令法久住　故来至此
為坐諸佛　以神通力　移无量衆　令國清淨
諸佛各各　詣寶樹下　如清淨池　蓮華莊嚴
其寶樹下　諸師子座　佛坐其上　光明嚴飾
如夜闇中　然大炬火　身出妙香　遍十方國
衆生蒙薰　喜不自勝　譬如大風　吹小樹枝
以是方便　令法久住　告諸大衆　我滅度後
誰能護持　讀說斯経　今於佛前　自說誓言
其多寶佛　雖久滅度　以大誓願　而師子吼

BD00422　妙法蓮華經卷四

其多寶佛 雖久滅度 以大誓願 而師子吼
多寶如来 及與我身 所集化佛 當知此意
諸佛子等 誰能護法 當發大願 令得久住
其有能護 此經法者 則爲供養 我及多寶
此多寶佛 處於寶塔 常遊十方 爲是經故
亦復供養 諸来化佛 莊嚴光飾 諸世界者
若說此經 則爲見我 多寶如来 及諸化佛
諸善男子 各諦思惟 此爲難事 宜發大願
諸餘經典 數如恒沙 雖說此等 未足爲難
若接須弥 擲置他方 无數佛土 亦未爲難
若以足指 動大千界 遠擲他國 亦未爲難
若立有頂 爲衆演說 无量餘經 亦未爲難
若佛滅後 於惡世中 能說此經 是則爲難

於我滅後　若自書持　若使人書　是則爲難
若以大地　置足甲上　昇於梵天　亦未爲難
佛滅度後　於惡世中　暫讀此經　是則爲難
假使劫燒　擔負乾草　入中不燒　亦未爲難
我滅度後　若持此經　爲一人說　是則爲難
若持八万　四千法藏　十二部經　爲人演說
令諸聽者　得六神通　雖能如是　亦未爲難
於我滅後　聽受此經　問其義趣　是則爲難
若人說法　令千萬億　无量无數　恒沙衆生
得阿羅漢　具六神通　雖有此益　亦未爲難
我爲佛道　於无量土　從如至今　廣說諸經
而於其中　此經第一　若有能持　則持佛身

而於其中　此經第一　若有能持　則持佛身
諸善男子　於我滅後　誰能受持　讀誦此經
今於佛前　自說誓言
此經難持　若暫持者　我則歡喜　諸佛亦然
如是之人　諸佛所歎　是則勇猛　是則精進
是名持戒　行頭陁者　則為疾得　无上佛道
能於來世　讀持此經　是真佛子　住純善地
佛滅度後　能解其義　是諸天人　世間之眼
於恐畏世　能須臾說　一切天人　皆應供養

妙法蓮華經提婆達多品第十二

尒時佛告諸菩薩及天人四衆吾於過去无
量劫中求法華經无有懈惓於多劫中常作
國王發願求於无上菩提心不退轉為欲滿

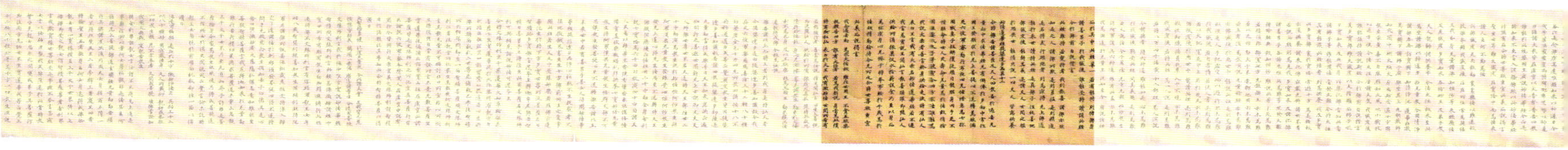

國城妻子奴婢僕從頭目髓腦身肉手足不
惜軀命時世人民壽命无量為於法故捐捨
國位委政太子擊鼓宣令四方求法誰能為
我說大乘者吾當終身供給走使時有仙人
来白王言我有大乘名妙法蓮華経若不違
我當為宣說王聞仙言歡喜踊躍即隨仙人
供給所須採菓汲水拾薪設食乃至以身而
為牀座身心无惓于時奉事経於千歲為於
法故精勤給侍令无所乏尒時世尊欲重宣
此義而說偈言
我念過去劫　為求大法故　雖作世國王　不貪五欲樂
捶鍾告四方　誰有大法者　若為我解說　身當為奴僕
時有阿私仙　来白於大王　我有微妙法　世間所希有

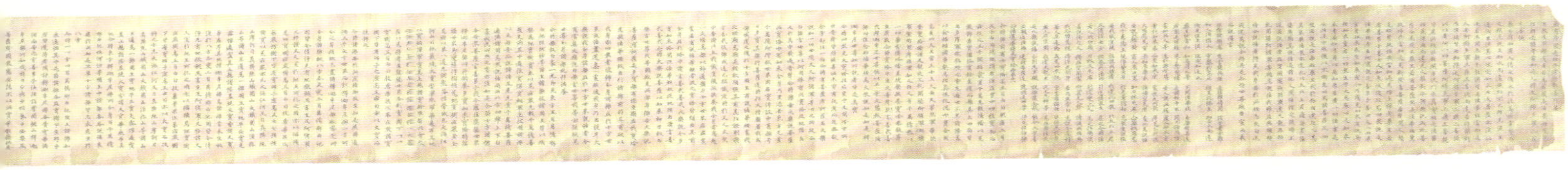

搥鍾告四方　誰有大法者　若為我解説　身當為奴僕
時有阿私仙　来白於大王　我有微妙法　世間所希有
若能脩行者　吾當為汝説　時王聞仙言　心生大喜悅
即便隨仙人　供給於所須　採薪及菓蓏　隨時恭敬與
情存妙法故　身心无懈惓　普為諸衆生　勤求於大法
亦不為己身　及以五欲樂　故為大國王　勤求獲此法
遂致得成佛　今故為汝説
佛告諸比丘尒時王者則我身是時仙人者
今提婆達多是由提婆達多善知識故令我
具足六波羅蜜慈悲喜捨三十二相八十種
好紫磨金色十力四无所畏四攝法十八不
共神通道力成等正覺廣度衆生皆因提婆
達多善知識故告諸四衆提婆達多却後過

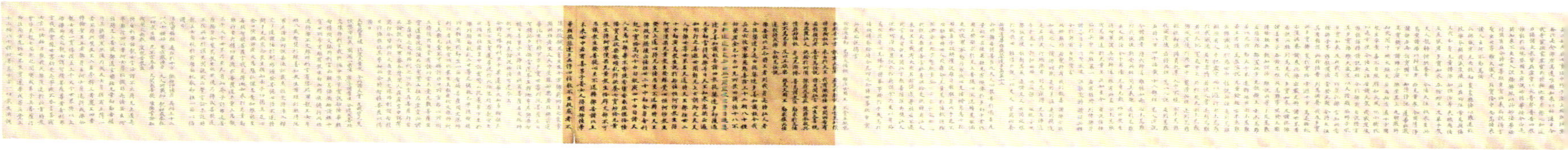

人師佛世尊世界名天道時天王佛住世二
十中劫廣爲衆生説於妙法恒河沙衆生得
阿羅漢果无量衆生發緣覺心恒河沙衆生
發无上道心得无生法忍至不退轉時天王
佛般涅槃後正法住世二十中劫全身舍利
起七寶塔高六十由旬縱廣四十由旬諸天
人民悉以雜華末香燒香塗香衣服瓔珞幢
幡寶蓋伎樂歌頌礼拜供養七寶妙塔无量
衆生得阿羅漢果无量衆生悟辟支佛不可
思議衆生發菩提心至不退轉佛告諸比丘
未來世中若有善男子善女人得聞妙法華
華經提婆達多品淨心信敬不生疑惑者不

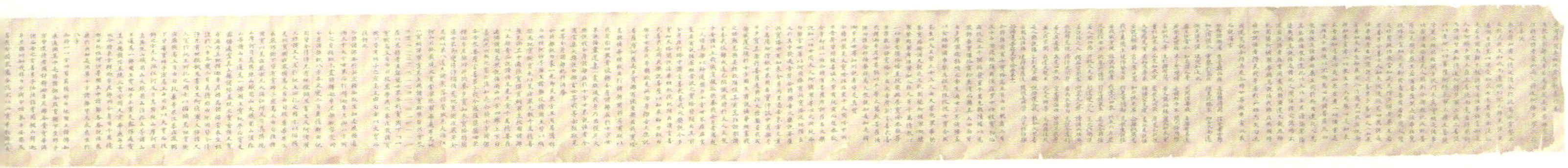

華經提婆達多品淨心信敬不生疑惑者不
墮地獄餓鬼畜生生十方佛前所生之處常
聞此經若生人天中受勝妙樂若在佛前蓮
華化生於時下方多寶世尊所從菩薩名曰
智積啓多寶佛當還本土釋迦牟尼佛告智
積曰善男子且待須臾此有菩薩名文殊師
利可與相見論說妙法可還本土
尒時文殊師利坐千葉蓮華大如車輪俱來
菩薩亦坐寶蓮華從於大海娑竭羅龍宮自
然踊出住虛空中詣靈鷲山從蓮華下至於
佛所頭面敬禮二世尊足脩敬已畢往智積
所共相慰問却坐一面智積菩薩問文殊師

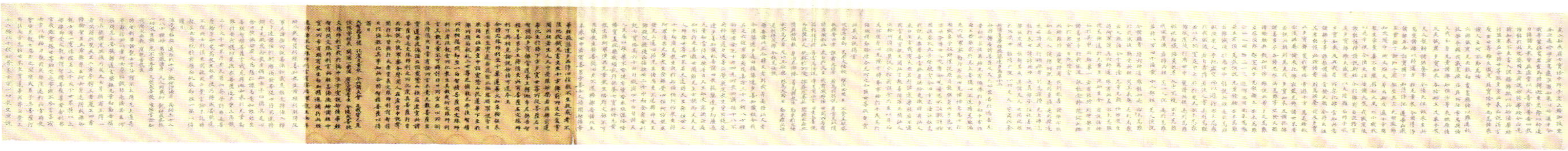

且待須臾自當有證所言未竟无數菩薩坐
寶蓮華從海踊出詣靈鷲山住在虛空此諸
菩薩皆是文殊師利之所化度具菩薩行皆
共論說六波羅蜜本聲聞人在虛空中說聲
聞行今皆脩行大乘空義文殊師利謂智積
曰於海教化其事如此尒時智積菩薩以偈
讚曰
大智德勇健　化度无量衆　今此諸大會　及我皆已見
演暢實相義　開闡一乘法　廣導諸羣生　令速成菩提
文殊師利言我於海中唯常宣說妙法華經
智積問文殊師利言此經甚深微妙諸經中
寶世所希有頗有衆生勤加精進脩行此經
速得佛不文殊師利言有娑竭羅龍王女年

BD00422　妙法蓮華經卷四

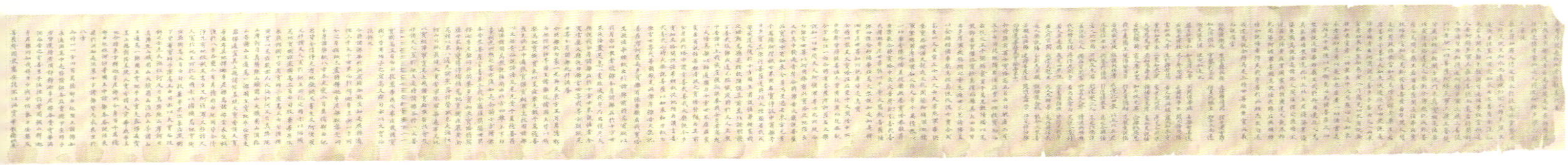

寶世所希有頗有衆生勤加精進脩行此経
速得佛不文殊師利言有娑竭羅龍王女年
始八歲智慧利根善知衆生諸根利鈍得陁
羅尼諸佛所説甚深秘藏悉能受持深入禪
定了達諸法於刹那頃發菩提心得不退轉
辯才无礙慈念衆生猶如赤子功德具足心
念口演微妙廣大慈悲仁讓志意和雅能至
菩提智積菩薩言我見釋迦如來於无量劫
難行苦行積功累德求菩提道未曾止息觀
三千大千世界乃至无有如芥子許非是菩
薩捨身命處為衆生故然後乃得成菩提道
不信此女於須臾閒便成正覺言論未訖時
龍女忽現於前頭面禮敬却住一面以偈

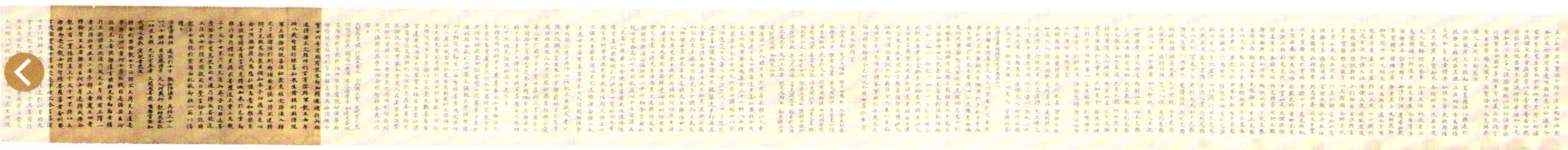

詰

深達罪福相　遍照於十方　微妙淨法身　具相三十二
以八十種好　用庄嚴法身　天人所戴仰　龍神咸恭敬
一切衆生類　无不宗奉者　又聞成菩提　唯佛當證知
我闡大乘教　度脫苦衆生
時舍利弗語龍女言汝謂不久得无上道是
事難信所以者何女身垢穢非是法器云何
能得无上菩提佛道玄曠經无量劫勤苦積
行具脩諸度然後乃成又女身猶有五障一
者不得作梵天王二者帝釋三者魔王四者
轉輪聖王五者佛身云何女身速得成佛尒
龍女有一寶珠價直三千大千世界持以上
佛佛即受之龍女謂智積菩薩尊者舍利弗
言我獻寶珠世尊納受是事疾不答言甚疾

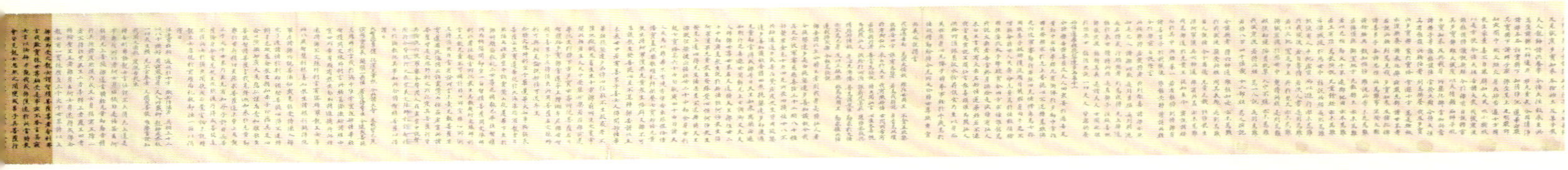

佛佛即受之龍女謂智積菩薩尊者舍利弗
言我獻寶珠世尊納受是事疾不荅言甚疾
女言以汝神力觀我成佛復速於此當時衆
會皆見龍女忽然之間變成男子具菩薩行
即往南方无垢世界坐寶蓮華成等正覺三
十二相八十種好普爲十方一切衆生演說

BD00423

妙法蓮華經（八卷本）卷四

（後秦）鳩摩羅什 譯

672.8cm×27.5cm

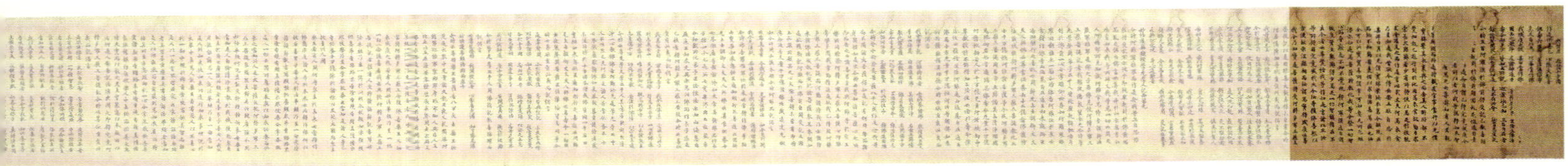

妙樓閣　遊諸十方國
作是供養已　心懷大歡喜
佛壽六万劫　正法住倍壽
其五百比丘　次第當作佛
我滅度之後　某甲當作佛　……今日
國土之嚴淨　及諸神通力　菩薩聲聞衆　正法及像法
壽命劫多少　皆如上所說　迦葉汝已知　五百自在者
餘諸聲聞衆　亦當復如是　其不在此會　汝當為宣說
尒時五百阿羅漢於佛前得受記已歡喜踊
躍……坐起到於佛前頭面礼足悔過自責
作是念自謂已得究竟滅度今
者所以者何我等應得如來智
智為足世尊譬如有人至親
……時親友官事當行以無價

寶與之而去其人醉臥都不
覺知起已遊行到於他國為衣食故勤力求
索甚大艱難若少有所得便以為足於後親
友會遇見之而作是言咄哉丈夫何為衣食
乃至如是我昔欲令得安樂五欲自恣於
某年日月以无價寶珠繫汝衣裏今故現在
而汝不知勤苦憂惱以求自活甚為癡也汝
今可以此寶貿易所須常可如意无所乏短
佛亦如是為菩薩時教化我等令發一切智
心而尋廢忘不知不覺既得阿羅漢道自謂
滅度資生艱難得少為足一切智願猶在不
失今者世尊覺悟我等作如是言諸比丘汝
等所得非究竟滅我久令汝等種佛善根以
方便故示涅槃相而汝謂為實得滅度世尊
我今乃知實是菩薩得受阿耨多羅三藐三

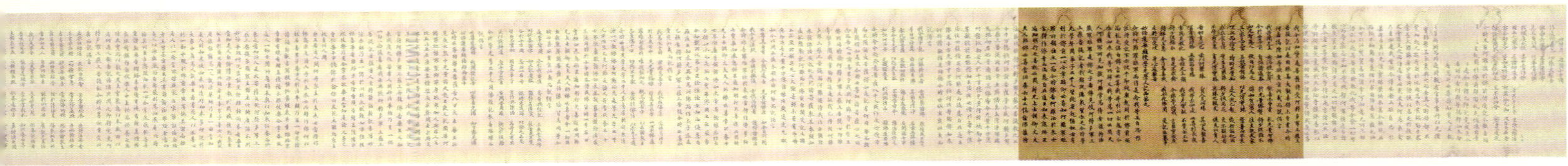

我今乃知實是菩薩得受阿耨多羅三藐三
菩提記以是因緣甚大歡喜得未曾有尒時
阿若憍陳如等欲重宣此義而說偈言
我等聞无上　安隱授記聲　歡喜未曾有　礼无量智佛
今於世尊前　自悔諸過咎　於无量佛寶　得少涅槃分
如无智愚人　便自以為足　譬如貧窮人　往至親友家
其家甚大富　具設諸餚饍　以无價寶珠　繫著內衣裏
嘿與而捨去　時卧不覺知　是人既已起　遊行詣他國
求衣食自濟　資生甚艱難　得少便為足　更不願好者
不覺內衣裏　有无價寶珠　與珠之親友　後見此貧人
苦切責之已　示以所繫珠　貧人見此珠　其心大歡喜
富有諸財物　五欲而自恣　我等亦如是　世尊於長夜
常愍見教化　令種无上願　我等无智故　不覺亦不知
得少涅槃分　自足不求餘　今佛覺悟我　言非實滅度
[illegible]

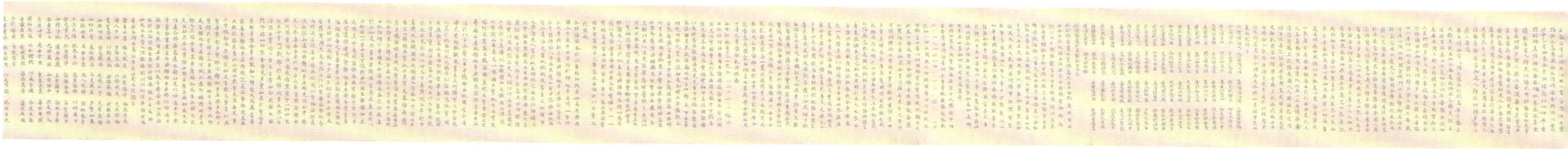

妙法蓮華經授學无學人記品第九
尒時阿難羅睺羅而作是念我等每自思惟
設得受記不亦快乎即從座起到於佛前頭
面礼足俱白佛言世尊我等於此亦應有分
唯有如來我等所歸又我等為一切世間天
人阿脩羅所見知識阿難常為侍者護持法
藏羅睺羅是佛之子若佛見授阿耨多羅三
三藐菩提記者我願既滿衆望亦足尒時學
无學聲聞弟子二千人皆從座起偏袒右肩
到於佛前一心合掌瞻仰世尊如阿難羅睺
羅所願住立一面尒時佛告阿難汝於來世
當得作佛号山海慧自在通王如來應供正
遍知明行足善逝世間解无上士調御丈夫
天人師佛世尊當供養六十二億諸佛護持

天人師佛世尊當供養六十二億諸佛護持
法藏然後得阿耨多羅三藐三菩提教化二
十千万億恒河沙諸菩薩等令成阿耨多羅
三藐三菩提國名常立勝幡其土清淨瑠璃
爲地劫名妙音遍满其佛壽命无量千万億
阿僧祇劫若人於千万億无量阿僧祇劫中
筭數校計不能得知正法住世倍於壽命像
法住世復倍正法阿難是山海慧自在通王
佛爲十方无量千万億恒河沙等諸佛如來
所共讚歎稱其功德尒時世欲重宣此義而
説偈言
我今僧中説　阿難持法者　當供養諸佛　然後成正覺
号曰山海慧　自在通王佛　其國土清淨　名常立勝幡
教化諸菩薩　其數如恒沙　佛有大威德　名聞满十方

尒時會中新發意菩薩八千人咸作是念我等
尚不聞諸大菩薩得如是記有何因緣而諸
聲聞得如是決尒時世尊知諸菩薩心之所
念而告之曰諸善男子我與阿難等於空王
佛所同時發阿耨多羅三藐三菩提心阿難
常樂多聞我常勤精進是故我已得成阿耨
多羅三藐三菩提而阿難護持我法亦護將
來諸佛法藏教化成就諸菩薩衆其本願如
是故獲斯記阿難面於佛前自聞受記及國
土莊嚴所願具足心大歡喜得未曾有即時
憶念過去无量千万億諸佛法藏通達无礙
如今所聞亦識本願尒時阿難而說偈言

世尊甚希有　令我念過去　无量諸佛法　如今日所聞
我今无復疑　安住於佛道　方便爲侍者　護持諸佛法

我今无復疑　安住於佛道　方便爲侍者　護持諸佛法
尒時佛告羅睺羅汝於未來世當得作佛号蹈
七寶華如來應供正遍知明行足善逝世間解
无上士調御丈夫天人師佛世尊當供養十
世界微塵等數諸佛如來常爲諸佛而作長
子猶如今也是蹈七寶華佛國土莊嚴壽
命劫數所化弟子正法像法亦如山海慧自
在通王如來无異亦爲此佛而作長子過是
已後當得阿耨多羅三藐三菩提尒時世尊欲
重宣此義而說偈言
我爲太子時　羅睺爲長子　我今成佛道　受法爲法子
於未來世中　見无量億佛　皆爲其長子　一心求佛道
羅睺羅密行　唯我能知之　現爲我長子　以示諸衆生
无量億千万　功德不可數　安住於佛法　以求无上道

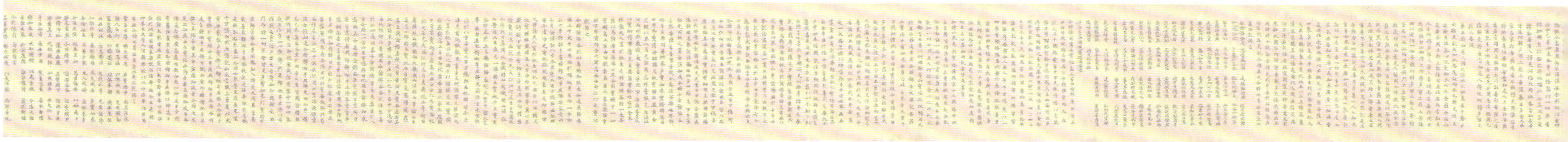

人不唯然已見阿難是諸人等當供養五十
世界微塵數諸佛如來恭敬尊重護持法藏
末後同時於十方國各得成佛皆同一号名曰
寶相如來應供正遍知明行足善逝世間解
无上士調御丈夫天人師佛世尊壽命一劫國
土莊嚴聲聞菩薩正法像法皆悉同等尒
時世尊欲重宣此義而說偈言

是二千聲聞　今於我前住　悉皆與授記　未來當成佛
所供養諸佛　如上說塵數　護持其法藏　後當成正覺
各於十方國　悉同一名号　俱時坐道場　以證无上慧
皆名為寶相　國土及弟子　正法與像法　悉等无有異
咸以諸神通　度十方衆生　名聞普周遍　漸入於涅槃

尒時學无學二千人聞佛授記歡喜踊躍而
說偈言

說偈言
世尊慧燈明　我聞授記音　心歡喜充滿　如甘露見灌
妙法蓮華經法師品第十
尒時世尊因藥王菩薩告八万大士藥王汝
見是大衆中无量諸天龍王夜叉乾闥婆阿
脩羅迦樓羅緊那羅摩睺羅伽人與非人及
比丘比丘尼優婆塞優婆夷求聲聞者求辟支
佛者求佛道者如是等類咸於佛前聞妙法
華經一偈一句乃至一念隨喜者我皆與授記
當得阿耨多羅三藐三菩提佛告藥王又如
來滅度之後若有人聞妙法華經乃至一偈
一句一念隨喜者我亦與授阿耨多羅三藐三
菩提記若復有人受持讀誦解說書寫妙
法華經乃至一偈於此經卷敬視如佛種種

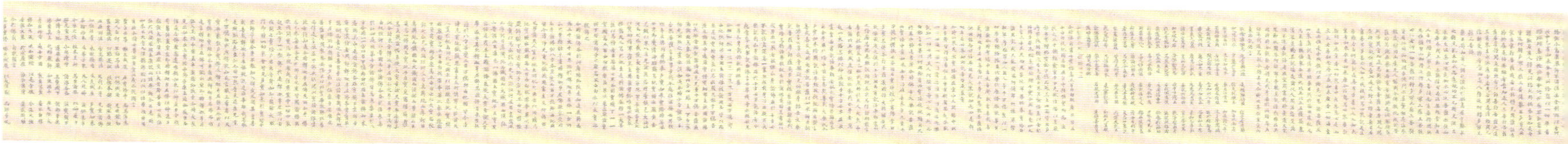

曾供養十万億佛於諸佛所成就大願慜衆生
故生此人間
藥王若有人問何等衆生於未來世當得作
佛應示是諸人等於未來世必得作佛何以
故若善男子善女人於法華經乃至一句受持
讀誦解說書寫種種供養經卷華香瓔珞末
香塗香燒香繒蓋幢幡衣服伎樂合掌恭敬
是人一切世間所應瞻奉應以如來供養而供
養之當知此人是大菩薩成就阿耨多羅三
藐三菩提哀慜衆生願生此間廣演分別
妙法華經何况盡能受持種種供養者藥王
當知是人自捨清淨業報於我滅後慜衆生
故生於惡世廣演此經若是善男子善女人我滅
度後能竊為一人說法華經乃至一句當知

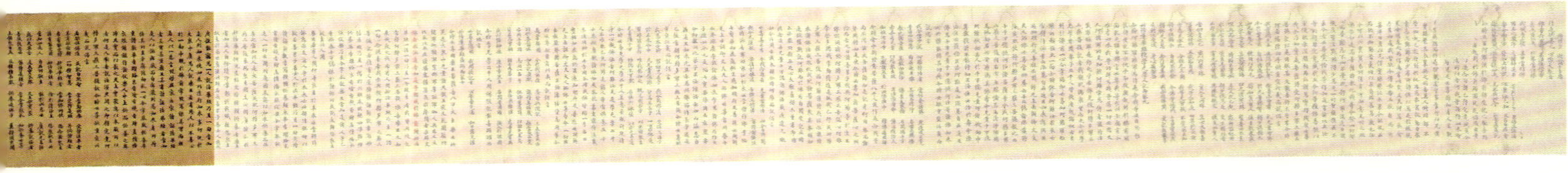

度後能竊爲一人説法華經乃至一句當知
是人則如来使如来所遣行如来事何况於
大衆中廣爲人説藥王若有惡人以不善心
於一劫中現於佛前常毀罵佛其罪尚輕
若人以一惡言毀呰在家出家讀誦法華經
者其罪甚重藥王其有讀誦法華經者當知
是人以佛莊嚴而自莊嚴則爲如来肩所荷
擔其所至方應随向礼一心合掌恭敬供養尊
重讃歎華香瓔珞末香塗香燒香繒蓋幢幡
衣服餚饌作諸伎樂人中上供而供養之應
持天寶而以散之天上寶聚應以奉獻所以
者何是人歡喜説法須臾聞之即得究竟阿
耨多羅三藐三菩提故尒時世尊欲重宣此
義而説偈言

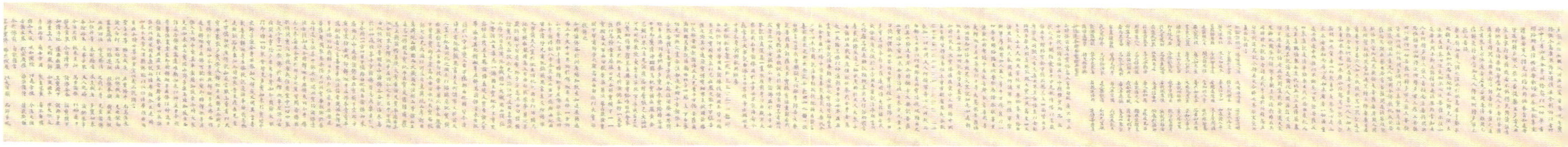

若有能受持 妙法華經者 當知佛所使 愍念諸衆生
諸有能受持 妙法華經者 捨於清淨土 愍衆故生此
當知如是人 自在所欲生 能於此惡世 廣說无上法
應以天華香 及天寶衣服 天上妙寶聚 供養說法者
吾滅後惡世 能持是經者 當合掌敬禮 如供養世尊
上饌衆甘美 及種種衣服 供養是佛子 冀得須臾聞
若能於後世 受持是經者 我遣在人中 行於如來事
若於一劫中 常懷不善心 作色而罵佛 獲无量重罪
其有讀誦持 是法華經者 須臾加惡言 其罪復過彼
有人求佛道 而於一劫中 合掌在我前 以无數偈讚
由是讚佛故 得无量功德 歎美持經者 其福復過彼
於八十億劫 以最妙色聲 及與香味觸 供養持經者
如是供養已 若得須臾聞 則應自欣慶 我今獲大利
藥王今告汝 我所說諸經 而於此經中 法華最第一

藥王今告汝　我所說諸經　而於此經中　法華最第一
尒時佛復告藥王菩薩摩訶薩我所說經典无
量千億已說今說當說而於其中此法華經最
為難信難解藥王此經是諸佛秘要之藏不
可分布妄授與人諸佛世尊之所守護從昔已
来未曾顯說而此經者如来現在猶多怨嫉
況滅度後藥王當知如来滅後其能書持讀
誦供養為人說者如来則為以衣覆之又為他
方現在諸佛之所護念是人有大信力及志
願力諸善根力當知是人與如来共宿則為
如来手摩其頭藥王在在處處若說若讀
若誦若書若經卷所住之處皆應起七寶
塔極令高廣嚴飾不須復安舍利所以者何
此中已有如来全身此塔應以一切華香

讃歎若有人得見此塔禮拜供養當知是等
皆近阿耨多羅三藐三菩提藥王多有人在
家出家行菩薩道若不能得見聞讀誦書
持供養是法華經者當知是人未善行菩薩
道若有得聞是經典者乃能善行菩薩之道
其有衆生求佛道者若見若聞是法華經聞已
信解受持者當知是人得近阿耨多羅三
藐三菩提
藥王譬如有人渴乏須水於彼高原穿鑿求
之猶見乾土知水尚遠施功不已轉見濕土
遂漸至泥其心決定知水必近菩薩亦復如
是若未聞未解未能脩習是法華經當知是
人去阿耨多羅三藐三菩提尚遠若得聞解
思惟脩習必知得近阿耨多羅三藐三菩提
所以者何一切菩薩阿耨多羅三藐三菩提

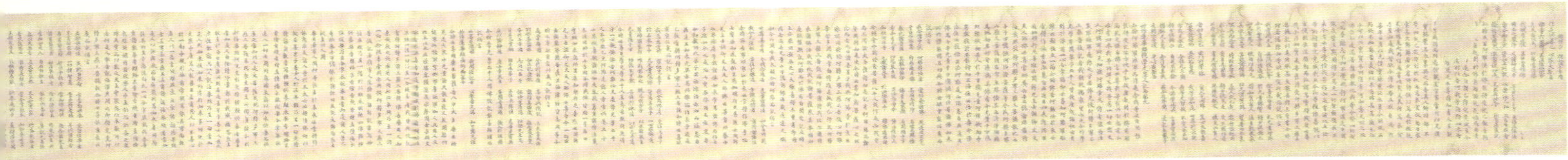

所以者何一切菩薩阿耨多羅三藐三菩提
皆屬此經此經開方便門示真實相是法華
經藏深固幽遠无人能到今佛教化成就菩
薩而為開示藥王若有菩薩聞是法華經驚
疑怖畏當知是為新發意菩薩若聲聞人聞
是經驚疑怖畏當知是為增上慢者藥王若
有善男子善女人如來滅後欲為四衆說是法
華經者云何應說是善男子善女人入如來
室著如來衣坐如來座尒乃應為四衆廣說
斯經如來室者一切衆生中大慈悲心是如
來衣者柔和忍辱心是如來座者一切法空
是安住是中然後以不懈怠心為諸菩薩及
四衆廣說是法華經藥王我於餘國遣化人
為其集聽法衆亦遣化比丘比丘尼優婆塞

鬼神乹闥婆阿脩羅等聽其說法我雖在異
國時時令說法者得見我身若於此經忘失
句逗我還為說令得具足尒時世尊欲重宣此
義而說偈言

欲捨諸懈怠　應當聽此經　是經難得聞　信受者亦難
如人渴須水　穿鑿於高原　猶見乾燥土　知去水尚遠
漸見濕土泥　決定知近水　藥王汝當知　如是諸人等
不聞法華經　去佛智甚遠　若聞是深經　決了聲聞法
是諸經之王　聞已諦思惟　當知此人等　近於佛智慧
若人說此經　應入如來室　著於如來衣　而坐如來座
處衆无所畏　廣為分別說　大慈悲為室　柔和忍辱衣
諸法空為座　處此為說法　若說此經時　有人惡口罵
加刀杖瓦石　念佛故應忍　我千万億土　現淨堅固身
於无量億劫　為衆生說法　若我滅度後　能說此經者

於无量億劫　爲衆生說法　若我滅度後　能說此經者
我遣化四衆　比丘比丘尼　及清信士女　供養於法師
引導諸衆生　集之令聽法　若人欲加惡　刀杖及瓦石
則遣變化人　爲之作衛護　若說法之人　獨在空閑處
寂寞无人聲　讀誦此經典　我尒時爲現　清淨光明身
若忘失章句　爲說令通利　若人具是德　或爲四衆說
空處讀誦經　皆得見我身　若人在空閑　我遣天龍王
夜叉鬼神等　爲作聽法衆　是人樂說法　分別无罣礙
諸佛護念故　能令大衆喜　若親近法師　速得菩薩道
隨順是師學　得見恒沙佛

妙法蓮華經見寶塔品第十一

尒時佛前有七寶塔高五百由旬縱廣二百五
十由旬從地踊出住在空中種種寶物而莊
校之五千欄楯龕室千万无數幢幡以爲嚴

瑠璃車渠馬瑙真珠玫瑰七寶合成高至四天
王宮三十三天雨天曼陁羅華供養寶塔餘
諸天龍夜叉乾闥婆阿脩羅迦樓羅緊
那羅摩睺羅伽人非人等千万億衆以一
切華香瓔珞幡蓋伎樂供養寶塔恭敬尊重
讚歎尒時寶塔中出大音聲歎言善哉善
哉釋迦牟尼世尊能以平等大慧教菩薩法
佛所護念妙法華經為大衆說如是如是釋
迦牟尼世尊如所說者皆是真實
尒時四衆見大寶塔住在空中又聞塔中所
出音聲皆得法喜怪未曾有從座而起恭敬
合掌却住一面尒時有菩薩摩訶薩名大樂
說知一切世間天人阿脩羅等心之所疑而
白佛言世尊以何因緣有此寶塔從地踊出又

白佛言世尊以何因緣有此寶塔從地踊出又
於其中發是音聲尒時佛告大樂說菩薩
此寶塔中有如來全身乃往去東方无量千
万億阿僧祇世界國名寶淨彼中有佛号曰
多寶其佛本行菩薩道時作大誓願若我
成佛滅度之後於十方國土有說法華經處我
之塔廟為聽是經故踊現其前為作證明讚言
善哉彼佛成道已臨滅度時於天人大衆中
告諸比丘我滅度後欲供養我全身者應
起一大塔其佛以神通願力十方世界在在
處處若有說法華經者彼之寶塔皆踊出其
前全身在於塔中讚言善哉善哉大樂說今
多寶如來塔聞說法華經故從地踊出讚言
善哉善哉是時大樂說菩薩以如來神力故

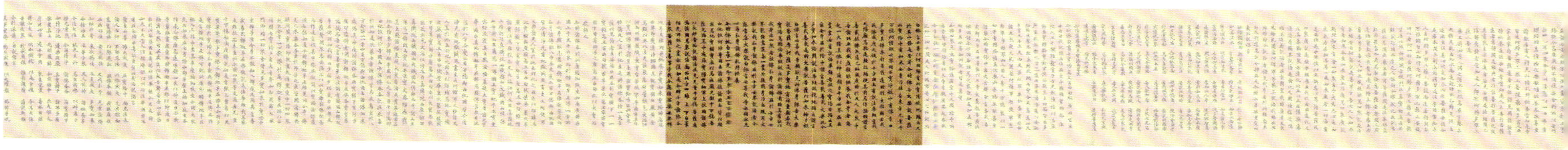

寶塔爲聽法華經故出於諸佛前時其有欲以
我身示四衆者彼佛分身諸佛在於十方世
界說法盡還集一處然後我身乃出現耳大
樂說我分身諸佛在於十方世界說法者今
應當集大樂說白佛言世尊我等亦願欲見
世尊分身諸佛禮拜供養
尒時佛放白毫一光即見東方五百万億那
由他恒河沙等國土諸佛彼諸國土皆以頗
梨爲地寶樹寶衣以爲莊嚴无數千万億菩
薩充滿其中遍張寶幔寶網羅上彼國諸佛
以大妙音而說諸法及見无量千万億菩薩遍
滿諸國爲衆說法南西北方四維上下白毫
相光所照之處亦復如是尒時十方諸佛各
告衆菩薩言善男子我今應往娑婆世界釋

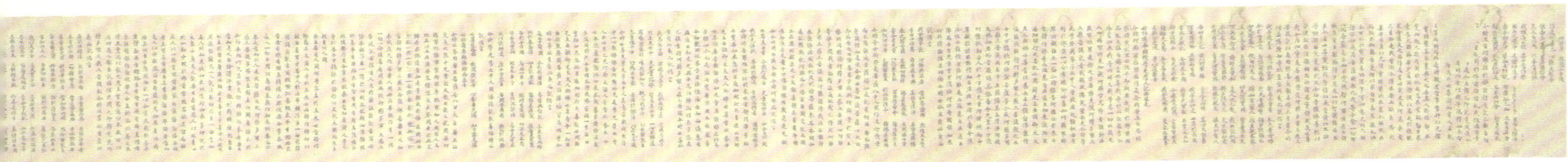

告衆菩薩言善男子我今應往娑婆世界釋
迦牟尼佛所并供養多寶如來寶塔時娑婆
世界即變清淨瑠璃爲地寶樹莊嚴黃金
爲繩以界八道无諸聚落村營城邑大海江
河山川林藪燒大寶香曼陁羅華遍布其地
以寶網幔羅覆其上懸諸寶鈴唯留此會衆
移諸天人置於他土是時諸佛各將一大菩
薩以爲侍者至娑婆世界各到寶樹下一一
寶樹高五百由旬枝葉華菓次苐莊嚴諸寶
樹下皆有師子之座高五由旬亦以大寶而
校飾之
尒時諸佛各於此座結跏趺坐如是展轉遍
滿三千大千世界而於釋迦牟尼佛一方所
分之身猶故未盡時釋迦牟尼佛欲容受所

又移諸天人置於他土所化之國亦以瑠璃為
地寶樹莊嚴樹高五百由旬枝葉華菓次第
嚴飾樹下皆有寶師子座高五由旬種種
諸寶以為莊校亦无大海江河及目真隣陁
山摩訶目真隣陁山鐵圍山大鐵圍山須弥
山等諸山王通為一佛國土寶地平正寶交
露幔遍覆其上懸諸幡蓋燒大寶香諸天寶
華遍布其地釋迦牟尼佛為諸佛當來坐故
復於八方各變二百万億那由他國皆令清
淨无有地獄餓鬼畜生及阿脩羅又移諸天
人置於他土所化之國亦以瑠璃為地寶樹
莊嚴樹高五百由旬枝葉華菓次第莊嚴樹
下皆有寶師子座高五由旬亦以大寶而校
飾之亦无大海江河及目真隣陁山摩訶目

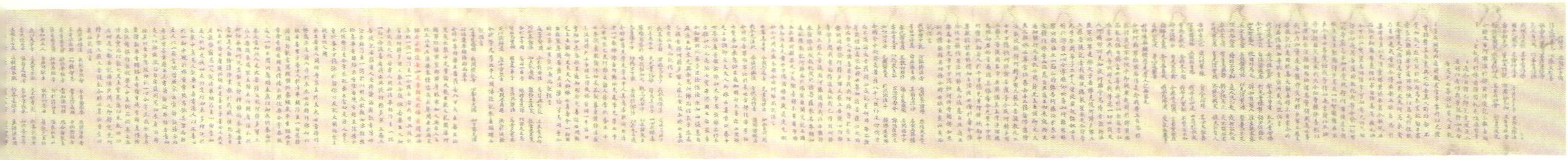

飾之亦无大海江河及目真隣陁山摩訶目
真隣陁山鐵圍山大鐵圍山須弥山等諸山王
通爲一佛國土寶地平正寶交露縵遍覆
其上懸諸幡蓋燒大寶香諸天寶華遍布其
地尒時東方釋迦牟尼所分之身百千万億那
由他恒河沙等國土中諸佛各各說法來集
於此如是次第十方諸佛皆悉來集坐於八
方尒時一一方四百万億那由他國土諸佛如來
遍滿其中是時諸佛各在寶樹下坐師子
座皆遣侍者問訊釋迦牟尼佛各賫寶華
滿掬而告之言善男子汝往詣耆闍崛山釋迦
牟尼佛所如我辭曰少病少惱氣力安樂及
菩薩聲聞衆悉安隱不以此寶華散佛供養
而作是言彼某甲佛與欲開此寶塔諸佛遣

欲同開寶塔即從座起住虛空中一切四衆
起立合掌一心觀佛於是釋迦牟尼佛以右
指開七寶塔户出大音聲如却關鑰開大城
門即時一切衆會皆見多寶如來於寶塔中
坐師子座全身不散如入禪定又聞其言善
哉善哉釋迦牟尼佛快說是法華經我為聽
是經故而來至此尒時四衆等見過去无量
千万億劫滅度佛說如是言歎未曾有以天
寶華聚散多寶佛及釋迦牟尼佛上尒時多
寶佛於寶塔中分半座與釋迦牟尼佛而作
是言釋迦牟尼佛可就此座即時釋迦牟尼
佛入其塔中坐其半座結跏趺坐尒時大衆
見二如來在七寶塔中師子座上結跏趺坐各
作是念佛座高遠唯願如來以神通力令我

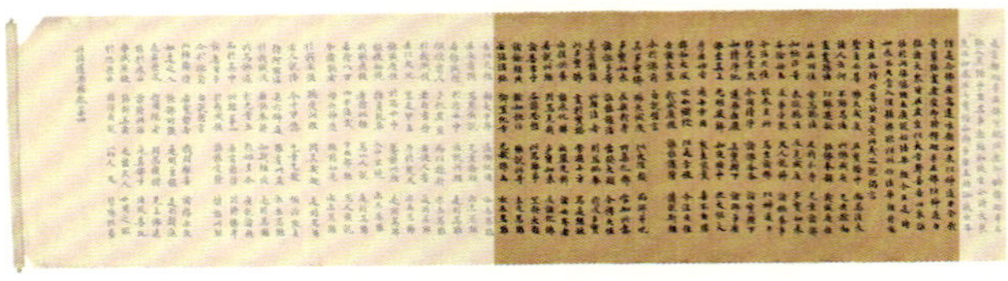

作是念佛座高遠唯願如來以神通力令我
等輩俱處虛空即時釋迦牟尼佛以神通力
接諸大衆皆在虛空以大音聲普告四衆誰
能於此娑婆國土廣說妙法華經今正是時
如來不久當入涅槃佛欲以此妙法華經付囑
有在尒時世尊欲重宣此義而說偈言
聖主世尊　雖久滅度　在寶塔中　尚爲法來
諸人云何　不勤爲法　此佛滅度　无央數劫
處處聽法　以難遇故　彼佛本願　我滅度後
在在所往　常爲聽法　又我分身　无量諸佛
如恒沙等　來欲聽法　及見滅度　多寶如來
各捨妙土　及弟子衆　天人龍神　諸供養事
令法久住　故來至此　爲坐諸佛　以神通力
移无量衆　令國清淨　諸佛各各　詣寶樹下

身出妙香　遍十方國　衆生蒙薰　喜不自勝
譬如大風　吹小樹枝　以是方便　令法久住
告諸大衆　我滅度後　誰能護持　讀說斯經
今於佛前　自說誓言
其多寶佛　雖久滅度　以大誓願　而師子吼
多寶如來　及與我身　所集化佛　當知此意
諸佛子等　誰能護法　當發大願　令得久住
其有能護　此經法者　則為供養　我及多寶
此多寶佛　處於寶塔　常遊十方　為是經故
亦復供養　諸來化佛　莊嚴光飾　諸世界者
若說此經　則為見我　多寶如來　及諸化佛
諸善男子　各諦思惟　此為難事　宜發大願
諸餘經典　數如恒沙　雖說此等　未足為難
若接須弥　擲置他方　无數佛土　亦未為難

諸餘經典　數如恒沙　雖說此等　未足為難
若接須彌　擲置他方　无數佛土　亦未為難
若以足指　動大千界　遠擲他國　亦未為難
若立有頂　為衆演說　无量餘經　亦未為難
若佛滅後　於惡世中　能說此經　是則為難
假使有人　手把虛空　而以遊行　亦未為難
於我滅後　若自書持　若使人書　是則為難
若以大地　置足甲上　昇於梵天　亦未為難
佛滅度後　於惡世中　暫讀此經　是則為難
假使劫燒　擔負乾草　入中不燒　亦未為難
我滅度後　若持此經　為一人說　是則為難
若持八万　四千法藏　十二部經　為人演說
令諸聽者　得六神通　雖能如是　亦未為難
於我滅後　聽受此經　問其義趣　是則為難

於我滅後　若能奉持　如斯經典　是則為難
我為佛道　於无量土　從始至今　廣說諸經
而於其中　此經第一　若有能持　則持佛身
諸善男子　於我滅後　誰能受持　讀誦此經
今於佛前　自說誓言
此經難持　若暫持者　我則歡喜　諸佛亦然
如是之人　諸佛所歎　是則勇猛　是則精進
是名持戒　行頭陀者　則為疾得　无上佛道
能於來世　讀持此經　是真佛子　住純善地
佛滅度後　能解其義　是諸天人　世間之眼
於恐畏世　能須臾說　一切天人　皆應供養

妙法蓮華經卷第四

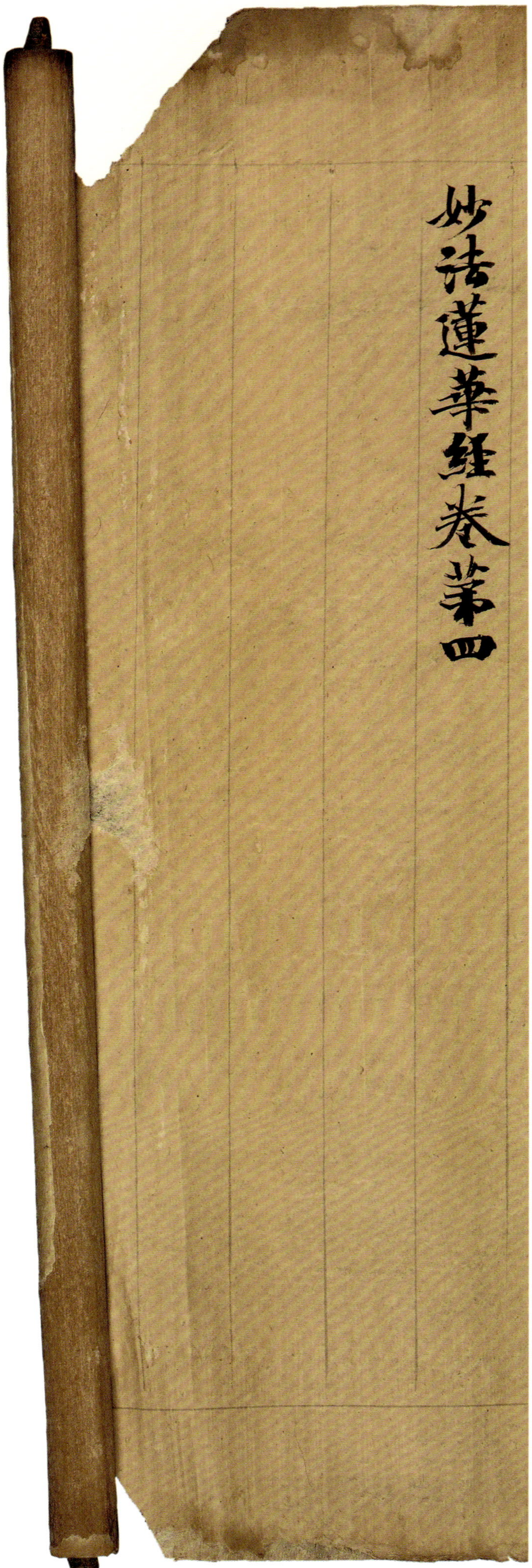
妙法蓮華經卷第四

BD00424 四分律比丘戒本

（後秦）佛陀耶舍 譯

（唐）懷素 集

BD00424v 雜寫

461cm × 27.5cm

世間王為最　衆流海為最　衆星月為最
一切衆律中　戒經為上最　如來立禁戒
合僧集會未受大戒者出　不來諸比丘
遣比丘尼來請教戒　僧今和合何所為
大德僧聽今十五日衆僧說戒　若僧時到
合說戒白如是
諸大德我今欲說波羅提木叉戒汝等聽[illegible]
念之若自知有犯者即應自懺悔不犯者默然默然
者知諸大德清淨若有他問亦如是答如是比丘在於
衆中乃至三問憶念有罪不懺悔者得故妄語罪
妄語者佛說障道法若彼比丘憶念有罪欲求清
淨者應懺悔懺悔得安樂諸大德我以說戒經序今問諸
大德是中清淨不　三說　諸大德是中清淨默然故是

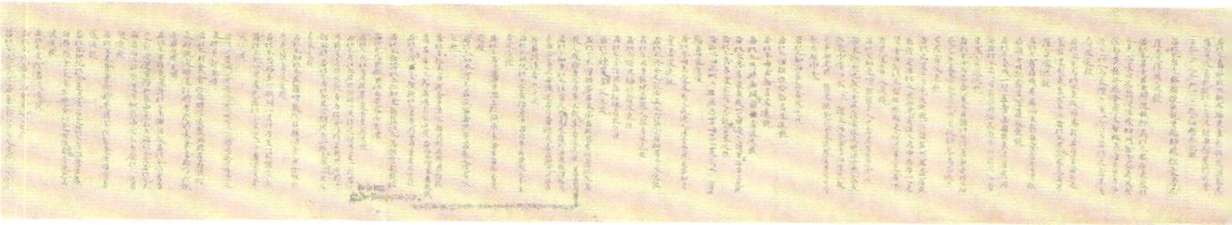

若比丘共比丘同戒若不還戒戒羸不自悔犯不淨行
乃至共畜生是比丘波羅夷不共住
若比丘若在村落若閑靜處不與盜心取隨不與
取法若為王大臣所捉若殺若縛若驅出國汝是賊
汝癡汝無所知是比丘波羅夷不共住
若比丘故自手斷人命持刀與人歎譽死快勸死咄男子
用此惡活為寧死不生作如是語思惟種種方便
歎譽死快勸死是比丘波羅夷不共住
若比丘實無所知自稱言我得上人法我已入聖智
勝法我知是我見是彼於異時若問若不問欲自清
淨故作是說我實不知不見言知言見虛誑妄語除
增上慢是比丘波羅夷不共住
諸大德我已說四波羅夷法若比丘犯一一波羅夷

諸大德我已說四波羅夷法若比丘犯一一波羅夷
法不得与諸比丘共住如前後亦如是是比丘得
波羅夷罪不應共住今問諸大德是中清淨不三
諸大德是中清淨默然故是事如是持
諸大德是十三僧婆尸沙法半月半月說戒經中來
若比丘故弄陰出精除夢中僧伽婆尸沙
若比丘婬欲意與女人身相觸若捉手若捉髮
若觸一身分者僧伽婆尸沙
若比丘婬欲意与女人麁惡婬欲語隨麁惡婬欲
語僧伽婆尸沙
若比丘婬欲意於女人前自嘆身言大妹我
脩梵行持戒精進脩善法可持是婬欲
法供養我如是供養第一最僧伽婆尸沙
若比丘往來彼此媒嫁持男意語女持女意

若比丘自求作屋無主自為已當應兩作是
中量者長佛十二搩手　內廣七搩手當將餘比
丘指授處所彼比丘當指授處所
无難處无妨處若比丘有難處妨處自求
作屋无主自為已不將餘比丘指示處所若
過量作者僧伽婆尸沙
若比丘欲作大房有主為已作當將餘比丘往
指授處所彼比丘應指授處所无難處无妨
處若比丘有難處有妨作大房有主為已作
不將餘比丘往指授處所僧伽婆尸沙
若比丘瞋恚所覆故非波羅夷比丘以无根波
羅夷法謗欲壞彼清淨行彼於異時若問
若不若問知此事无根說我瞋恚故作是語

若不若問知此事无根說我瞋恚故作是語
若比丘作是語者僧伽婆尸沙
若比丘以瞋恚故於異分中事取片非波羅夷
比丘以无根波羅夷法謗欲壞彼清淨行彼於
異時若問若不問知是異分事中取片是比丘自言
我瞋恚故作是語作是語者僧伽婆尸沙
若比丘欲壞和合僧方便壞和合僧法堅持不捨彼比
丘應諫是比丘言大德莫壞和合僧莫方便壞
和合僧莫受壞僧法堅持不捨大德應与僧
和合（与僧和合）歡喜不諍同一師學如水乳合於佛法中
有益安樂住是比丘如是諫時堅持不捨彼比丘
應三諫捨此事故乃至三諫捨者善不捨者僧
伽婆尸沙

丘律語比丘此比丘所說我等喜樂此比丘所說我等忍可

忍可然此比丘非法語比丘非律語比丘大德莫欲破

彼比丘言大德莫作是說言此比丘是法語比丘律語比丘此比丘所說我等喜樂此比丘所說我等

壞和合僧汝等當樂欲和合僧大德應與僧和合與僧和合

喜歡不諍同一師如水乳合於佛法中有增

益安樂住是比丘如是諫時堅持不捨彼比丘應

三諫捨此事故乃至三諫捨者善不捨僧伽婆

尸沙

若比丘依聚落若城邑住汙他家行惡行汙

他家亦見亦聞行惡行亦見亦聞諸比丘當語

比丘是言大德汙他家行惡行亦見亦聞行惡行

亦見亦聞大德汝等汙他家行惡行今可遠

此聚落去不須住此是比丘語彼比丘作如是語

大德諸比丘有愛有恚有怖有癡有如是同

此聚落去不須住此是比丘語彼比丘作如是語
大德諸比丘有愛有恚有怖有癡有如是同
罪比丘有驅者有不驅者諸比丘報言大德莫
作是語言僧有愛有恚有怖有癡有如是同罪比
丘有驅者有不驅者而諸比丘不愛不恚不怖不
癡大德汙他家行惡行汙他家亦見亦聞行惡亦行
亦見亦聞是比丘如是諫時堅持不捨彼比丘應
三諫捨此事故乃至三諫捨者善不捨者僧
伽婆尸沙
若比丘惡性不受人語於戒法中諸比丘如法諫
已自身不受諫語言諸大德莫向我說若好若惡我
亦不向諸大德說若好若惡諸大德且止莫諫我
彼比丘諫是比丘言大德莫自身不受諫語大德
自身當受諫語大德如法諫諸比丘諸比丘亦如

[illegible]
捨彼比丘應三諫是事故乃至三諫捨者善不
捨者僧伽婆尸沙
諸大德我已說十三僧伽婆尸沙法九初犯四乃
至三諫若比丘犯一一法知而覆藏應強与波利
婆沙行波利婆沙竟增上與六夜摩那埵
行摩那埵已餘有出罪法應廿僧中出是
比丘罪若少一人不滿廿衆出是比丘罪是比丘罪不
得除諸比丘亦可呵此是時 今問諸大德是中清淨
不 三說 諸大德是中清淨默然故是事如是持
諸大德是二不定法半月半月說戒經中來
若比丘共女人獨在屏處覆處障處可作婬處
坐說非法語有住信優婆私於三法中一一法說若
波羅夷若僧伽婆尸沙若波逸提是坐比丘自言我
犯是罪於三法中應一一治[illegible]

波羅夷若僧伽婆尸沙若波逸提是比丘自言我
犯是罪於三法中應一一治若波羅夷若僧伽婆
尸沙若波逸提如住信優婆夷所說應如法治是比丘
是名不定法
若比丘共女人在露現處不可作婬處坐說麁惡
語有住信優婆夷於二法中應一一法說若僧
伽婆尸沙若波逸提如住信優婆夷所說應如法治（是比丘自言我犯是事於二法中應一一法治若僧伽婆尸沙若波逸提）
（是比丘）是名不定法　諸大德我已說二不定法今問
諸大德是中清淨不　三說
諸大德是中清淨默然故是事如是持
諸大德是卅尼薩耆波逸提法半月半月說戒經
中來　若比丘衣已竟迦絺那衣已出畜長衣經十
日不淨施得畜若過者尼薩耆波逸提
若比丘衣已竟迦絺那衣已出於三衣中離一一衣異處宿

故須便受受已疾疾成衣若足者善若不足者
得畜一月為滿足故若過畜者尼薩耆波逸提
若比丘從非親里比丘尼取衣除貿易尼薩耆波逸提
若比丘從非親里比丘尼浣故衣若染若打尼薩耆
波逸提
若比丘從非親里居士居士婦乞衣除餘時尼薩
耆波逸提餘時者若比丘奪衣失衣燒衣漂衣
是為餘時　若比丘奪衣失衣燒衣漂衣若非
親里居士居士婦自恣請多與衣是比丘當知
足受衣若過受者尼薩耆波逸提
若比丘居士居士婦為比丘具衣價持如是衣價
與某甲比丘是比丘先不受自恣請便到居士家
作如是說善哉居士為我買如是如是衣與我
為好故若得衣者尼薩耆波逸提

為好故若得衣者尼薩耆波逸提
若比丘二居士居士婦自恣請到與比丘辦衣價持
如是衣價與某甲比丘是比丘先不受居士自恣請
到二居士家作如是言善哉居士辦如是如是
衣價與我共作一衣為好故若得者衣尼薩
耆波逸提
若比丘若王若大臣若婆羅門若居士居士婦遣
使為比丘送衣價持如是衣價與某甲比丘彼使
人至比丘所語比丘言大德今為汝故送是衣價受
取是比丘語彼使如是言我不應受此衣價我
若須衣合時清淨當受彼使語比丘言大德有
執事人不須衣比丘應語言有若僧伽藍民若
優婆塞此是比丘執事人常為諸比丘執事時
彼使往到執事人所與衣價已還語比丘所作

若二反三反為作憶念應語言我若須衣若
二反三反為作憶念若得衣者善若不得衣
應四反五反六反在前嘿然立若四反五反六反在
前嘿然住得衣者善若不得衣過是求得 上
衣者尼薩耆波逸提若不得衣從所得衣價
處若自往若遣使往語言汝先遣使持衣價
与某甲比丘是比丘竟不得衣汝還取莫使失此是
時
若比丘雜野蠶綿作新臥具者尼薩耆波逸提
若比丘作以新純黑糯羊毛作新臥具者薩耆婆
逸提
若比丘作新臥具應用二分純黑羊毛三分白四
分尨若比丘不用二分黑三分白四分尨作新臥具者

分尨若比丘不用二分黑三分白四分尨作新卧具者
尼薩耆波逸提
若比丘作新卧具持至六年（滿）若減六年不捨故
更作新者除僧羯磨尼薩耆波逸提
若比丘作新坐具當取故者縱廣一搩手著（帖）
新者上為壞色故尼薩耆波逸提（若作新坐具不取故者縱廣一搩手帖著新者用壞色故）
若比丘道路行得羊毛若无人持得自持乃至三
由旬若（无人持自持）過三由旬者尼薩耆波逸提
若比丘使非親里比丘尼浣染擗羊毛者尼薩
耆波逸提
若比丘自手捉錢若金銀若教人捉若置地受
者尼薩耆波逸提
若比丘重重買買者尼薩耆波逸提
若比丘種種販賣者尼薩耆波逸提

薩耆波逸提

若比丘畜鉢減五綴不漏更求新鉢為好故尼
薩耆波逸提彼比丘應往僧中捨展轉取最
下鉢與之令持乃至破應持此是時

若比丘自乞縷線使非親里織師織作衣者尼
薩耆薩波逸提

若比丘居士居士婦使織師為比丘織作衣彼比
丘先不受自恣請便往織師所語言此衣為我
作與我極好織令廣大堅緻我當少多與汝
價是比丘與衣價乃至一食直若得衣者尼薩
耆波逸提

若比丘先與比丘衣後瞋恚故若自奪若教人
奪取還我衣來不與汝若比丘還衣彼取衣者尼
薩耆波逸提

奪取還我衣来不与汝若比丘還彼取衣者尼
薩耆波逸提
若比丘有病殘藥蘇油生蘇石蜜齊七日得服
若過七日服者尼薩耆波逸提
若比丘春殘一月在當求雨浴衣半月應用
浴若比丘過一月前求雨浴衣過半月前用浴者
尼薩耆波逸提
若比丘十日未竟夏三月諸比丘得急施衣比丘知
是急施衣當受受已乃至依時應畜若過者
尼薩耆波逸提
若比丘夏三月竟後迦提一月滿在阿蘭若有疑
恐懼處住比丘在如是處住三衣中欲留一一衣
置舍內諸比丘有因緣離衣宿乃至六夜若過
者尼薩耆波逸提

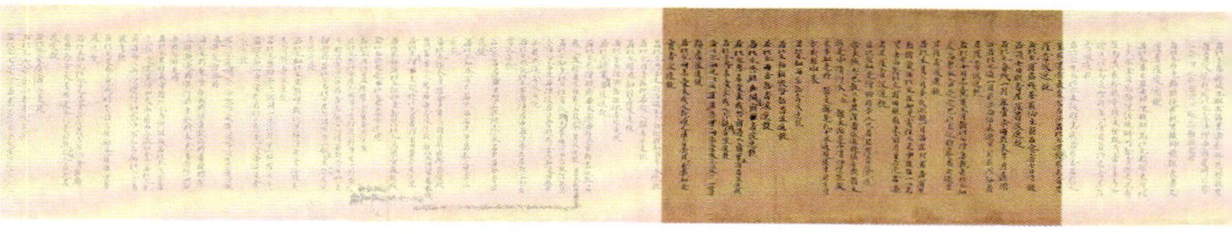

諸大德我已說三十尼薩耆波逸提法今問諸大
德是中清淨不 三說 諸大德是中清淨默然故
是事如是持 諸大德是九十波逸提法半月半月
說戒經中來
若比丘知而妄語者波逸提
若比丘種類毀呰語者波逸提
若比丘兩舌語者波逸提
若比丘與婦女同宿室者波逸提
若比丘與未受大戒人共宿過二宿至三宿者波逸提
若比丘與未受大戒人共誦戒者波逸提
若比丘知他比丘有麁惡罪向未受大戒人說除僧
羯磨波逸提
若比丘向未受大戒人說過人法言我見是我知是
實者波逸提

實者波逸提
若比丘與女人說法過五六語除有知男子波逸提
若比丘自手掘地若教人掘者波逸提
若比丘壞鬼神村者波逸提
若比丘妄作異語惱他者波逸提
若比丘嫌罵（諍）者波逸提
若比丘取僧繩床若木床若臥具坐褥露地敷若
教人敷捨去不自舉不教舉者波逸提
若比丘於僧房中敷僧臥具若自敷若教人敷若坐若臥去時
若比丘知先比丘住處後瞋恚來繼於中間敷僧臥具
止宿念言彼若嫌迮者自當避我去作如是因緣非
餘非威儀者波逸提
若比丘瞋他比丘不喜僧房中若自牽出若教人牽出
者波逸提
若比丘若房若重閣上脫繩床木床若坐若臥者波

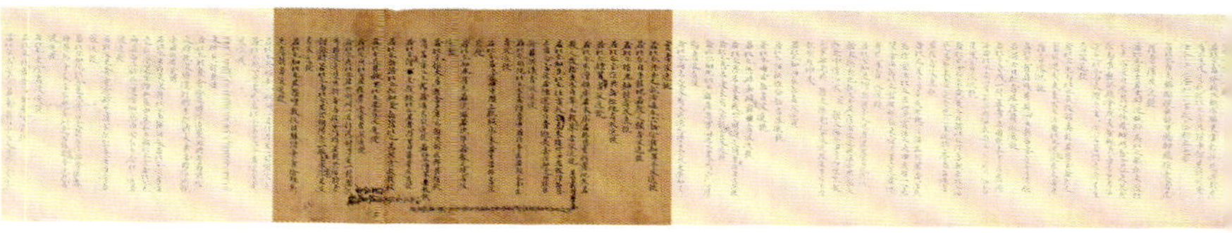

逸提

若比丘作大房有舍戶扉窻牖及餘莊飾具指授覆苫齊二三節若過者波逸提

若比丘僧不差教試比丘尼者波逸提

若比丘僧爲差教授比丘尼者乃至日暮者波逸提

十大教人藥者四(?)波逸提

若比丘語諸比丘作如是語諸比丘為飲食故教授比丘尼者波逸提

若比丘與非親里比丘尼者波逸提

若比丘與比丘尼在屏處坐者波逸提

若比丘與比丘尼共期同一道行從一村乃至一村除異時波逸提異時者与估客行時若疑畏怖時是謂餘時

若比丘与比丘尼共期同乘一船上水若下水除直渡者波逸提

若比丘知比丘尼讚嘆教化因緣得食食除檀越先意請者波逸提

先意請者波逸提
若比丘與婦女共期同一道行乃至一村間波逸
若比丘施一食處无病比丘應受一食若過受者
波逸提
若比丘展轉食除餘時波逸提餘時者病時施
衣時是謂餘時
若比丘別衆食除餘時波逸提餘時者病時作
衣時施衣時道行時乘船時大衆集時沙門施
食時此時是時
若比丘至白衣家請比丘与餅麨飯若比丘須者當
二三鉢受還至僧加藍中應分与餘比丘食若比丘无
病過兩三鉢受還僧伽藍中不分与餘比丘食者
波逸提
若比丘足食竟或時受請不作餘食法而食者

若比丘知他比丘足食已若受請不作餘食法慇
勤請與食長老取是食以是因緣非餘欲令他犯者
波逸提
若比丘受食者波逸提
若比丘殘宿食而食者波逸提
若比丘不受食若藥著口中除水及楊枝波逸提

大佛南无東

[illegible]

[illegible]

請都友後比丘婆多羅

諸大德我敬請波羅

諸

諸大德

BD00424v　雜寫

BD00424v　雜寫

BD00425 佛名經（十六卷本）卷二

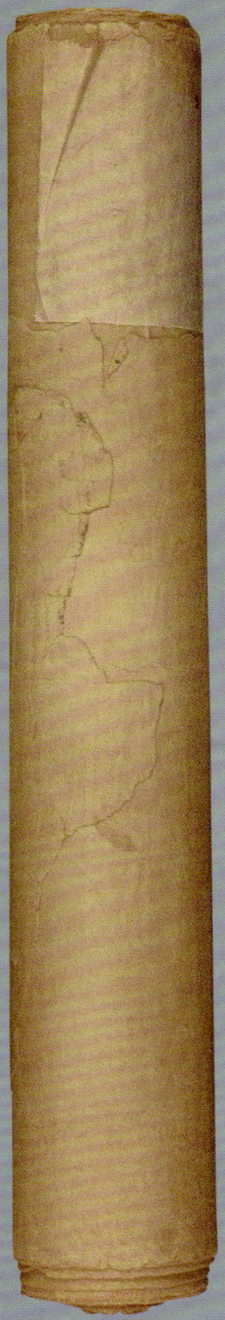

1077.4cm × 26.8cm

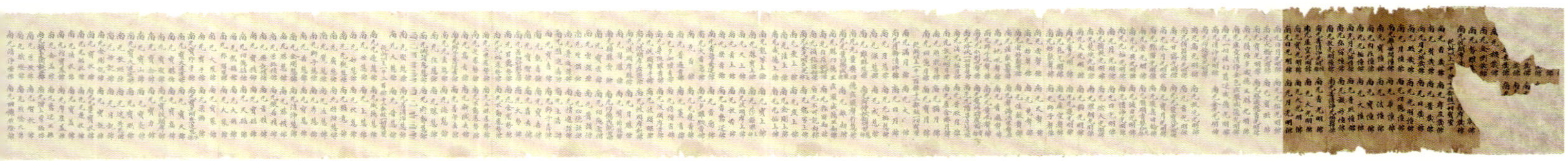

佛
佛
藏佛 女
藏佛 南
藏佛 南
如來藏佛 南无
南无根藏佛
南无金剛藏佛
南无勢羅藏
南无波頭摩藏 穫摩藏佛 藏佛
從此以上一千佛十二部經一切賢聖
南无香藏佛 南无摩尼藏佛
南无寳藏佛 南无善藏佛

南无月无垢幢佛
南无日幢佛

南无照藏佛
南无光明幢佛

南无月幢佛
南无功德幢佛

南无離世間幢佛
南无華幢佛

南无寶幢佛
南无法幢佛

南无自在幢佛
南无寶幢佛

南无无垢幢佛
南无大幢佛

南无月无垢幢佛
南无普照幢佛

南无弥留幢佛
南无讃妙幢佛

南无放光明幢佛
南无善清淨无垢照幢佛

南无善清淨光明幢佛
南无香光明佛

南无虚空光明佛
南无大光明佛

南无寶光明佛
南无大光明佛

南无日光明佛
南无月光明佛

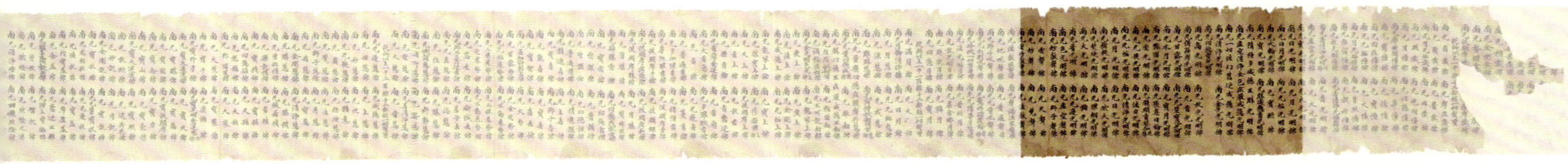

南无寶光明佛　南无大光明佛
南无日光明佛　南无月光明佛
南无日月光明佛　南无无垢光明佛
南无大輪光明佛　南无寶照佛
南无寶光明佛　南无勝威德香光明佛
南无積種多威德王勝光明佛
南无虛空清淨金色莊嚴威德光明佛
南无一切法幻舊迭威德光明佛
南无清淨光明佛　南无金光光明佛
南无功德寶光明佛
南无高光明佛　南无放光光明佛
南无俱蘇摩光明佛　南无香光明佛
南无甘露光明佛　南无无量寶化光明佛
南无[illegible]明[illegible]　南无[illegible]寶[illegible]佛

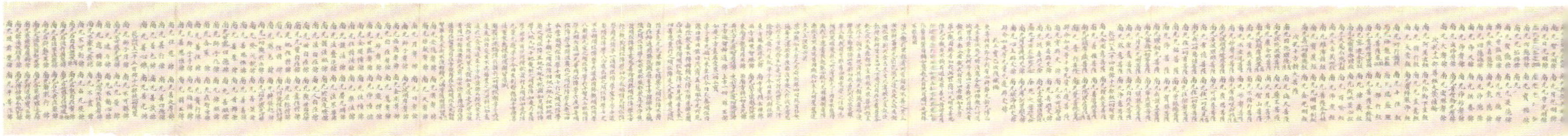

南无稱留光明佛　南无界集白輪佛
南无雲光明佛　南无勝頭香婆伽花佛
南无无畏光明佛　南无法力光明佛
南无无垢光明佛　南无清淨光明佛
南无月光明佛　南无日光明佛
南无樹提光明佛　南无然大光明佛
南无焚燒光明佛　南无羅網光明佛
南无大光明佛　南无稱光明佛
南无普光明佛　南无无邊光明佛
南无色光明佛　南无虛空聲佛
南无妙鼓聲佛　南无師子聲佛
南无雲聲佛　南无天聲佛
南无妙聲佛　南无梵聲佛
南无甚妙鼓聲佛　南无法鼓聲佛

南无妙聲佛　南无梵聲佛
南无雲妙鼓聲佛　南无法鼓聲佛
南无法鼓出聲佛　南无聲滿法界聲佛
南无地吼聲佛　南无普遍聲佛
南无師子吼聲佛　南无无量吼聲佛
南无无分別吼聲佛　南无驚怖一切魔輪聲佛
南无降伏一切聲聲佛　南无无障㝵月慧佛
南无法无垢月佛　南无普照月佛
南无放光明月佛　南无盧舍那月佛
南无解脫月佛　南无稱月佛
南无功德月佛　南无寶月佛
從此以上一千一百佛十二部經一切賢聖
南无滿月佛　南无大广佛
南无月輪清淨佛　南无日月佛

南无月慧佛　南无无垢慧佛
南无深慧佛　南无戒慧佛
南无難勝慧佛　南无阿僧祇劫脩習慧佛
南无无量樂功德莊嚴聲行慧佛
南无无量功德莊嚴佛　南无離劫佛
南无勝功德王莊嚴威德王劫佛
南无自在誠劫佛　南无称留劫佛
南无須称留劫佛　南无不可說劫佛
南无金光明色无上佛　南无龍冢上佛
南无愛上佛　南无度上佛
南无法上佛　南无金剛上佛
南无威德上佛　南无无垢上佛
南无龍冢上佛　南无寶上佛
南无勝寶上佛　南无莎梨羅上佛

南无龍家上佛　南无寶上佛
南无勝寶上佛　南无莎梨羅上佛
南无天上佛　南无波頭摩上佛
南无香上佛　南无放香佛
南无樂香佛　南无香奮迅佛
南无香象奮迅佛　南无香象佛
南无大香象佛　南无多羅跋香佛
南无香佛　南无无邊香佛
南无普遍香佛　南无薰香佛
南无多伽羅香佛　南无栴檀香佛
南无薄陁羅香佛　南无波頭摩香佛
南无波頭摩手佛　南无波頭眼佛
南无波頭摩莊嚴佛　南无波頭摩起佛
南无波頭摩勝佛　南

南无顯勝雲佛　南无切德成就雲佛
南无寶雲佛　南无切德雲佛
南无雲讚佛　南无普讚佛
南无聖讚佛　南无切德讚佛
南无普遍讚佛　南无精進讚佛
南无精進喜佛　南无上喜佛
南无寶喜佛　南无師子喜佛
南无龍喜佛　南无寶喜佛
南无寶智佛　南无喜去佛
南无善知寂靜去佛　南无大勢佛
南无甘露勢佛　南无金剛勢佛
南无无垢處勢佛　南无不動處勢佛
南无三界處勢佛　南无三昧處勢佛

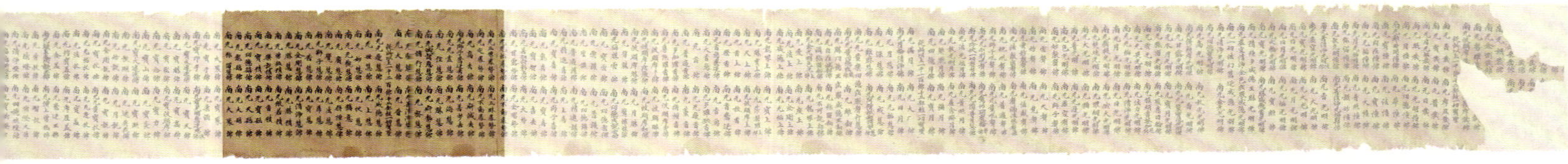

南无无垢處勢佛　南无不動處勢佛
南无三界處勢佛　南无三昧處勢佛
南无定處勢佛　南无不動處勢佛
南无高去佛　南无寂滅去佛
南无師子奮迅去佛　南无善步去佛
南无无盡慧佛　南无海慧佛
南无住慧佛　南无勝慧佛
南无滅諸惡慧佛　南无寂靜慧佛
南无脩行慧佛　南无密慧佛
南无堅慧佛　南无善清淨慧佛
南无大慧佛　南无普慧佛
從此以上一千二百佛十二部經一切賢聖
南无无邊慧佛　南无威德慧佛
南[illegible]慧佛　南[illegible]慧佛

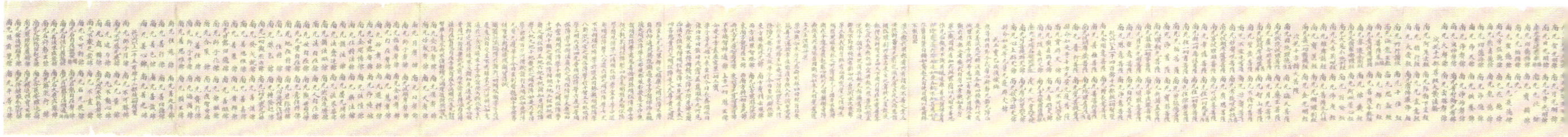

南无如慧佛　南无[illegible]慧佛
南无无觀慧佛　南无彌意佛
南无廣慧佛　南无栴檀慧佛
南无覺慧佛　南无法慧佛
南无師子慧佛　南无希慧佛
南无苦慧佛　南无寶慧佛
南无金剛慧佛　南无清淨慧佛
南无勝慧佛　南无勝積佛
南无勇猛積佛　南无般若積佛
南无樂說積佛　南无香積佛
南无寶積佛　南无寶髻佛
南无功德髻佛　南无天髻佛
南无龍髻佛　南无大髻佛
南无弥留聚佛　南无大聚佛

南无称留聚佛　南无大聚佛
南无大聚佛　南无寶聚佛
南无寶手佛　南无柔濡佛
南无寶印手佛　南无寶光明奮迅思佛惟
南无寶大違遶佛　南无寶天佛
南无寶勝佛　南无寶高佛
南无寶堅佛　南无寶波頭摩佛
南无寶念佛　南无寶力佛
南无寶山佛　南无寶炎佛
南无寶大違遶佛　南无寶照佛
南无放照佛　南无迭共花佛
南无妙說佛　南无月說佛
南无金剛說佛　南无寶說佛
南无寶大佛　南无寶大佛

南无法杖佛　南无寶蓋佛
南无均寶蓋佛　南无摩尼蓋佛
南无金蓋佛　南无奮迅王佛
南无增上大成就王佛　南无增上勇猛佛
南无勇放佛　南无智放佛
南无然燈佛　南无然燈火佛
南无清淨燈佛　南无功德然燈佛
南无福德燃燈佛　南无寶然燈佛
南无大然燈佛　南无无邊然燈佛
南无寶大然燈佛　南无普然燈佛
南无月然燈佛　南无日然燈佛
南无日月然燈佛　南无雲聲然燈佛
南无大海然燈佛　南无慧辱輪然燈佛

南无大海然燈佛　南无悲摩輪然燈佛
南无世然燈佛　南无光明遍十方然燈佛
南无照諸趣然燈佛　南无破諸闇然燈佛
南无一切世成就然燈佛　南无蘱摩見佛
南无不散佛　南无散花佛
南无不散花佛　南无放光明佛
南无千光明佛　南无六十光明佛
南无觀光明佛　南无无障㝵光明佛
從此以上一千三百佛十二部經一切賢聖
南无放淨光明佛　南无无邊光明佛
南无波頭摩光明佛　南无福德光明佛
南无智光明佛　南无月光明佛
南无日光明佛　南无无㝵光明佛
南无[illegible]　南[illegible]佛

南无无垢稱佛　南无一

南无堅德佛　南无无憂德佛

南无勇猛德佛　南无花德佛

南无歡喜德佛　南无龍德佛

南无功德海佛　南无淨德佛

南无淨天佛　南无供養佛

南无淨聲佛　南无淨妙聲佛

南无出淨聲佛　南无普智輪光聲佛

南无大聲佛　南无雲勝聲佛

次礼十二部尊經大藏法輪

南无阿差末經　南无祢勒下生經

南无脩行經　南无无盡意經

南无大雲經　南无廣博嚴淨經

南无大雲經　南无廣博嚴淨經

南无所行讚經　南无十住經

南无海龍王經　南无思益經

南无菩薩處胎經　南无禪行經

南无鴦掘魔羅經　南无菩薩本緣經

南无密迹金剛經　南无佛藏經

南无大樹緊那羅經　南无阿毗曇心經

南无大悲分陁利經　南无百喻經

南无大吉義呪經　南无淨度經

南无維摩詰經　南无菩薩本行經

南无寶蓮經　南无无明羅剎經

南无集一切福德經　南无金光明經

次礼十方諸大菩薩

南无日光星慧菩　南无海天菩薩

南无栴陀沙羅菩薩　南无寳王菩薩
南无盧舍那菩薩　南无月光菩薩
南无波頭摩勝藏菩薩　南无智山菩薩
南无聖藏菩薩　南无不捨行菩薩
南无不空見菩薩　南无妙聲菩薩
南无妙聲吼菩薩　南无常微嗟彌根菩薩
南无波頭摩道勝菩薩　南无廣思菩薩
南无憂波羅眼菩薩　南无可供養菩薩
南无常憶菩薩　南无住一切悲見菩薩
南无斷一切惡法菩薩　南无住一切聲菩薩
南无住一切有菩薩　南无住佛聲菩薩
南无无垢菩薩　南无勇猛德菩薩
南无淨菩薩　南无寶勝菩薩
南无羅網光菩薩　南无斷諸蓋菩薩

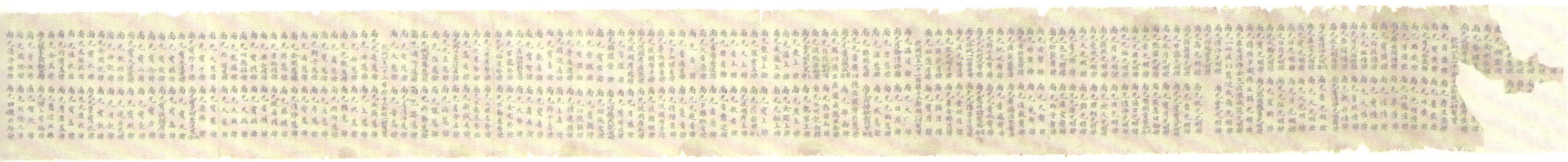

南无羅網光菩薩　南无斷諸蓋菩薩
南无能捨一切事菩薩　南无華莊嚴菩薩
南无月光光明菩薩　南无最勝意菩薩
南无堅意菩薩　南无自在天菩薩
南无勝意菩薩　南无淨意菩薩
從此以上一千四百佛十二部經一切賢聖
南无金剛意菩薩　南无增長意菩薩
南无善住菩薩　南无善導師菩薩
南无波頭摩藏菩薩　南无陁羅尼自在菩薩
南无普行菩薩　南无覺菩提菩薩
歸命如是等十方无量无邊菩薩
南无寶辟支佛　南无不可比辟支佛
南无歡喜辟支佛　南无喜辟支佛

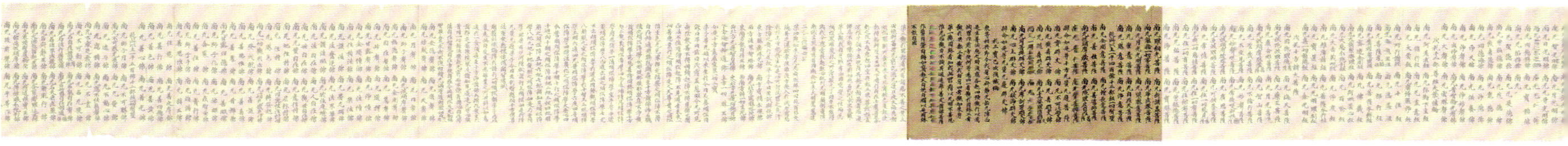

南无七同名[illegible]辟支佛　南无火身辟支佛
南无同菩提辟支佛　南无摩訶男辟支佛
南无心上辟支佛　南无嚴淨辟支佛
歸命如是等无量无邊辟支佛
　禮三寶已次復懺悔
衆等相與即今我身心寂靜无諂无障㝵
是生善滅惡之時復應各起四種觀行以為
滅罪作前方便何等為四一者觀於因緣二者
觀於果報三者觀我自身四者觀如來身
第一觀因緣者知我以罪藉以无明不善思
惟无㝵觀力不識其過遠離善友諸佛菩薩
隨逐魔道行耶嶮逕如魚吞鉤不知其患如蠶
作繭自縈自縛如蛾赴火自燒自爛以是因緣
不能自出

不能自出
第二觀於果報者所有諸惡不善之業三
世流轉苦果无窮沉溺无邊巨㴱大海爲諸
煩惱羅剎所食未來生死冥然无崖設使
報得輪轉聖王王四天下飛行自在七寶具足命
終之後不免惡趣四空果報三界尊極福盡
還作牛領中蟲况復其餘无福德者而復
懈怠不勤懺悔此亦譬如抱石沉淵求出良難
第三觀我自身雖有正因靈覺之性而爲
煩惱黑暗叢林之所覆蔽无了因力不能得
顯我今應當發起勝心破列无明顛倒重障
斷滅生死虛僞苦因顯發如來大明覺慧建
立无上涅槃妙果
[illegible]

[illegible]
救接未曾懲捨生如是心可謂滅罪之良津
除障之要行是故弟子今日至誠歸依佛
東方勝藏珠光佛　南方寶積示現佛
西方法界智燈佛　南无北方最勝降伏佛
東南方龍自在王佛　西南方轉一切生死佛
西北方无邊智自在佛　東北方无邊功德月佛
下方海智神通佛　上方一切勝王佛
如是十方盡虛空界一切三寶
弟子等无始以來至於今日長養煩惱日
深日厚日茲日茂覆蓋慧眼令无所見
斷除衆善不得相續起障不得見佛不聞
正法不值聖僧煩惱起障不見過去未來一
切善惡業行之煩惱障受人天尊貴之煩惱

正法不值聖僧煩惱起障不見過去未來一
切善惡業行之煩惱障受人天尊貴之煩惱
障生色无色界禪定福樂之煩惱障不得
自在神通飛騰隱顯遍至十方諸佛淨土聽
法之煩惱障學安那般那般那數息不淨觀
諸煩惱障學慈悲喜捨因緣煩惱障學七方
便三觀義煩惱障學四念處煖頂忍煩惱障
學聞思脩第一法煩惱障學空平等中道
觧煩惱障學八正道示相之煩惱障學七覺
不示相煩惱障學於道品因緣觀煩惱障學
八觧脫九空之煩惱障學於十智三三昧煩障
學三明六通四无㝵煩惱障學六度四等煩
惱障學四攝法廣化之煩惱障學大乘心四

十迴向十願之煩惱障初地二地三地四地明
解之煩惱障五地六地七地諸知見煩惱障
學八地九地十地雙照之煩惱障如是乃至障
學佛果百万阿僧祇諸行上煩惱如是行障
无量无邊弟子今日至到稽顙向十方佛尊
法聖衆慙愧懺愧願皆消滅
願藉此懺悔障於諸行一切煩惱願弟子在在
處處此自受生不為結業之所迴轉以如意
通於一食頃遍至十方淨諸佛土攝化衆生於
諸禪定甚深境界及諸知見通達无㝵心能
普同一切諸法樂說无窮而不染著得心自在得
法自在智慧自在方便自在令此煩惱及无知結
習畢竟永斷不復相續无漏聖道朗然如日作一乘
南无安隱聲佛　南无樂聲佛
[illegible]

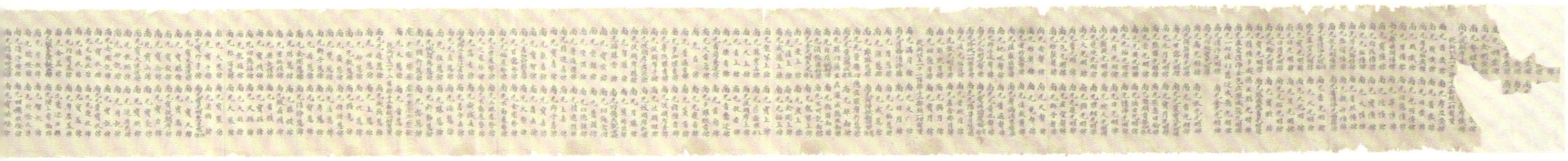

南无安隱聲佛　南无樂聲佛
南无妙鼓聲佛　南无天聲佛
南无月聲佛　南无日聲佛
南无師子聲佛　南无波頭摩聲佛
南无福德聲佛　南无金剛聲佛
南无自在聲佛　南无慧聲佛
南无妙聲佛　南无選擇佛
南无甘露聲佛　南无淨幢佛
南无金剛幢佛　南无法幢佛
南无住持法佛　南无樂法佛
南无讃法佛　南无曇无竭佛
南无法奮迅佛　南无法界華佛
南无讃法眼佛　南无然法庭燎佛
南无法自在佛　南无大自在佛

南无世自在佛　南无觀世自在佛
南无无量自在佛　南无意住持佛
南无地住持佛　南无尼弥持佛
南无住持佛　南无功德性住持佛
南无勝色佛　南无轉發起佛
南无一切觀衆示佛　南无一切无嚴足行佛
南无發成就佛　南无善護佛
南无善思惟佛　南无善喜佛
南无善處佛　南无普禪佛
南无甘露功德佛　南无善眼佛
南无師子化佛　南无佛眼佛
南无合聚佛　南无疾智勇佛
南无善住佛　南无實行佛
南无師子手佛　南无海滿佛

BD00425　佛名經（十六卷本）卷二

南无師子手佛　南无海滿佛
南无善思惟佛　南无稱王佛
南无住慈佛　南无善夜摩佛
南无善行佛　南无善功德佛
南无善色佛　南无善識佛
南无善心佛　南无善光佛
從此以上一千五百佛十二部經一切賢聖
南无師子月佛　南无不可勝佛
南无不可勝无畏佛　南无无量佛
南无速与佛　南无不動心佛
南无應稱佛　南无應不怯弱聲佛
南无不厭足藏佛　南无不盡佛
南无不可動佛　南无名无畏佛
南无[illegible]　南无[illegible]聲佛

南无名訶行廣慧佛　南无名女月自在才進佛
南无名法界莊嚴佛　南无名大乘莊嚴佛
南无名寂靜王佛　南无解脫行佛
南无大海彌留起王佛　南无合聚那羅延王佛
南无散壞堅魔輪佛　南无精進根寶王佛
南无佛法波頭摩佛　南无得佛眼分陁利佛
南无隨前覺佛　南无平等作佛
南无名初發心念遠離一切驚怖无煩惱
起功德佛　南无教化菩薩佛
南无金剛堅奮迅佛　南无名寶像光明堅奮迅佛
南无破壞魔輪佛　南无初發心成就不退勝輪佛
南无寶蓋起无畏光明佛　南无初發心念斷疑斷煩惱佛
南无名光明破闇起王眛王佛
善男子善女人若有得聞是諸佛名者永

南无名光明破闇起王明王佛
善男子善女人若有得聞是諸佛名者永
離業障不墮惡道若无眼者誦必得眼
南无十千同名星宿佛　南无一切同名星宿佛
南无三十千同名釋迦牟尼佛
南无一切同名釋迦牟尼佛
南无二億同名拘隣佛
南无一切同名拘隣佛
南无十八億同名實法決定佛
南无一切同名實法決定佛
南无十八億同名日月燈佛
南无一切同名日月燈佛
南无千五百同名大威德佛
南无一切同名大威德佛

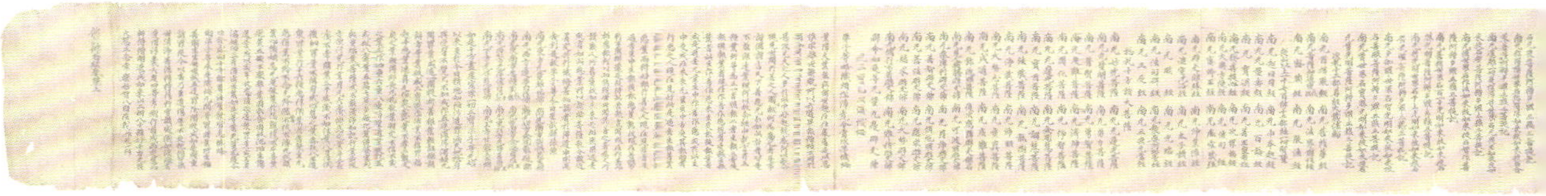

南无二五百同名日佛

南无一切同名日佛

南无四万四千同名面佛

南无万千同名堅固自在佛

南无一切同名堅固佛

南无万八千同名普護佛

南无一切同名普護佛

南无千八百同名舍摩他佛

南无一切同名舍摩他佛

劫名善眼彼劫中有七十二那由他如來

成佛我悉歸命彼諸如來

劫名善見彼劫中有七十二億如來成佛

我悉歸命彼諸如來

劫名淨讚嘆彼劫中有一万八千如來成佛

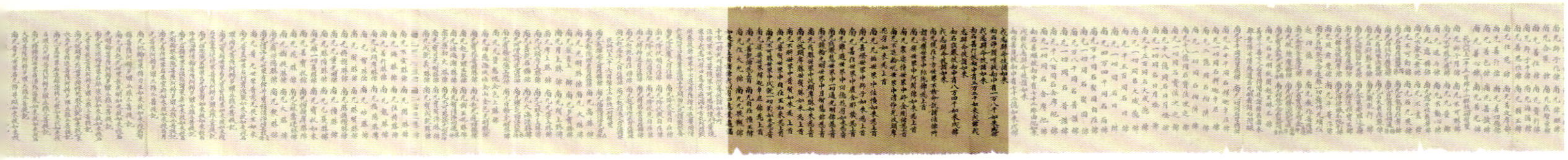

我悉歸命彼諸如来
刧名淨讚嘆彼刧中有一万八千如来成佛
我悉歸命彼諸如来
刧名善行彼刧中有三万二千如来成佛我
悉歸命彼諸如来
刧名莊嚴彼刧中有八万四千如来成佛
我悉歸命彼諸如来
南无現在十方世界不捨命説諸法佛所
謂安樂世界中彌陁佛爲上首
南无樂世界中阿閦佛如来爲上首
南无袈裟幢世界中砕金剛佛爲上首
南无不退輪吼世界中清淨光波頭摩
花身如来爲上首
南无光明世界中法幢如来爲上首

南无善炎世界中[illegible]如來為上首
南无善住世界中盧舍那藏為上首
南无難過世界中切德花身如來為上首
南无莊嚴慧世界中一切通光明佛為上首
南无鏡輪光明世界中月智慧佛為上首
南无花勝世界中波頭摩勝如來為上首
南无波頭摩勝世界中賢勝如來為上首
南无不瞬世界中普賢如來為上首
南无普賢世界中自在王如來為上首
南无不可勝世界中成就一切義如來為上首
南无娑婆世界釋迦牟尼佛為上首
南无善説佛為上首 南无自在幢王佛
南无作大光佛 南无无畏觀佛
如是等上首諸佛我以身口意業遍滿

南无作火光佛　南无无畏觀佛
如是等上首諸佛我以身口意業遍滿
十方一時礼拜讚歎供養彼諸如來所
住境界不可量境界不可思議境界无量境
界等我悉以身口意業遍滿十方礼拜讚歎
供養彼佛世界中不退菩薩僧不退聲聞僧
我悉以身口意業遍滿十方頭面礼足讚歎供養
南无降伏魔人自在佛　南无降伏貪自在佛
南无降伏瞋自在佛　南无降伏癡自在佛
南无降伏怒自在佛　南无降伏見自在佛
南无得神通自在稱佛　南无得勝業自在稱佛
南无起施自在稱佛　南无起清淨戒自在稱佛
南无起忍辱人自在稱佛　南无起精進人自在稱佛
[illegible]以上[illegible]佛十[illegible]一切賢聖

南无超禪那人自在稱佛 南无福德淨修光自佛

南无超陁羅尼自在稱佛 南无高勝佛

南无光明勝佛 南无大勝佛

南无散香上佛 南无多寶勝佛

南无月上勝佛 南无賢上勝佛

南无摩上勝佛 南无无量上勝佛

南无波頭摩上勝佛 南无三昧手上勝佛

南无善說名稱佛 南无大海深勝佛

南无阿僧祇精進住勝佛 南无樂說一切法莊嚴勝佛

南无寶輪威德上勝佛 南无日輪上光明勝佛

南无无量慚愧金色上勝佛

南无功德海琉璃金山金色光明勝佛

南无寶花普照勝佛 南无超无邊功德佛

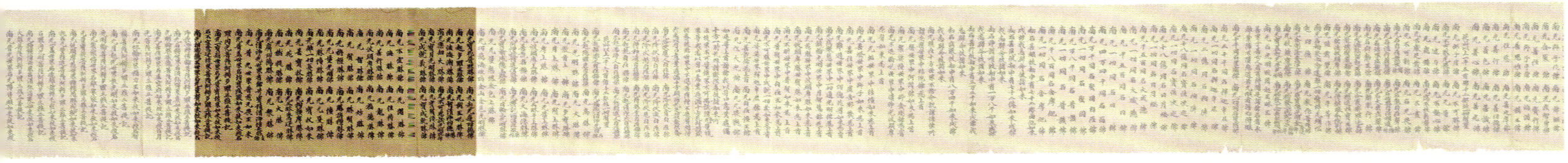

南无寶花普照勝佛　南无起无邊功德佛
南无起多羅王勝佛　南无樹王吼勝佛
南无法海潮勝佛　南无智清淨功德勝佛
南无樂劫大勝佛　南无不可思議光明勝佛
南无寶月光明勝佛　南无寶賢幢勝佛
南无成就義勝佛　南无寶成就勝佛
南无寶集勝佛　南无奮迅勝佛
南无不空勝佛　南无聞勝佛
南无海勝佛　南无住持勝佛
南无善行勝佛　南无龍勝佛
南无波頭摩勝佛　南无福德勝佛
南无智勝佛　南无妙勝佛
南无賢勝佛　南无勝賢勝佛
南无彌留勝佛　南无勝彌留勝佛

南无无量光明佛 南无惟月佛

南无勝幢勝佛 南无无憂勝佛

南无離一切憂勝佛 南无寶杖如來

南无善寶杖佛 南无拘蘇摩勝佛

南无花勝佛 南无三昧奮迅勝佛

南无樹提勝佛 南无大勝佛

南无廣功德勝佛 南无衆勝佛

南无清淨光世界有佛号寶積清淨境長勝佛 上王

南无普无世界普花无畏王如來

南无普蓋世界名均寶莊嚴如來彼如來授名

羅因光菩薩阿耨多羅三藐三菩提記

南无一寶鬘世界名无量寶境界如來彼如來授

名不空奮迅境界菩薩阿耨多羅三藐三菩提記

南无相威德王世界名无量聲如來彼如來授名

名不空奮迅境界菩薩阿耨多羅三藐三菩提記
南无捐威德王世界名无量聲如來彼如來授名
即發心轉法輪菩薩阿耨多羅三藐三菩提記
南无名稱世界名須弥留聚集如來彼如來授名
光明輪勝威德菩薩阿耨多羅三藐三菩提記
南无善住世界名虛空蓱如來彼如來授名月
光菩薩阿耨多羅三藐三菩提記
南无地輪世界稱力王如來彼如來授名智
稱菩薩阿耨多羅三藐三菩提記
南无月起光世界放光明如來彼如來授名
光明輪菩薩阿耨多羅三藐三菩提記
南无袈裟幢世界名離袈裟如來彼如來授名
无量寶發菩薩阿耨多羅三藐三菩提記
南无支須彌世界幢幢尤勝威光如來彼如來

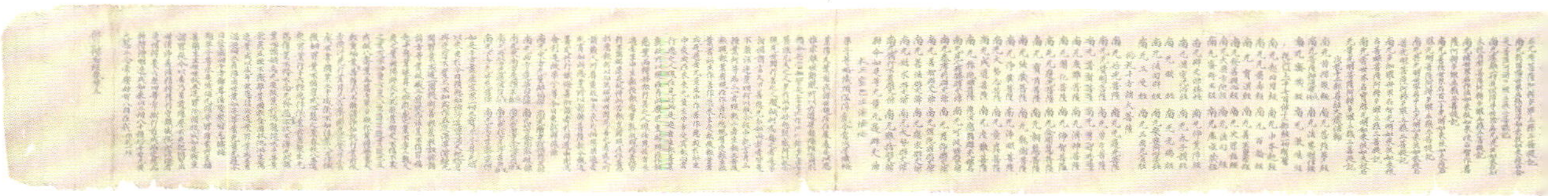

授名无量精進菩薩阿耨多羅三藐三菩提記
南无一蓋世界名遠離諸怖毛豎如來彼如來授
名羅网光明菩薩阿耨多羅三藐三菩提記
南无種種幢世界名須弥留聚如來彼如來授名
大勝菩薩阿耨多羅三藐三菩提記
南无普光世界名无障导眼如來彼如來授
名智勝菩薩阿耨多羅三藐三菩提記
南无賢世界名栴檀屋如來彼如來授名智
功德幢菩薩阿耨多羅三藐三菩提記
南无賢慧世界名合聚如來彼如來授名智
菩薩阿耨多羅三藐三菩提記
南无寶首世界名羅网光明如來彼如來授
名智功德菩薩阿耨多羅三藐三菩提記
南无安樂首世界名寶蓮華勝如來彼如來授名

名智功德菩薩阿耨多羅三藐三菩提記
南无安樂首世界名寶蓮華勝如來彼如來授名
波頭摩勝功德菩薩阿耨多羅三藐三菩提記
南无稱世界名智花寶光明勝如來彼如來授名
第一莊嚴菩薩阿耨多羅三藐三菩提記
南无賢辟世界名起賢光明如來彼如來授
名寶光明菩薩阿耨多羅三藐三菩提記
南无无畏世界名滅散一怖畏如來彼如來授
名无畏菩薩阿耨多羅三藐三菩提記
南无弥留幢世界名弥留厚如來彼如來授名合
聚菩薩阿耨多羅三藐三菩提記
南无遠離一切憂惱障导世界名无畏王如來彼如
來授名[illegible]菩薩阿耨多羅三藐三菩提記

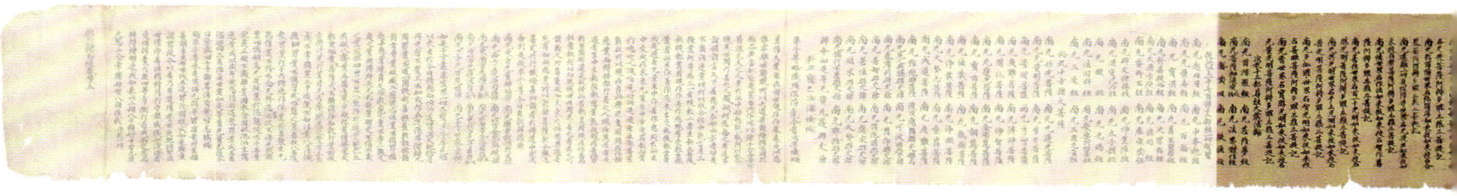

南无訶世界名作法如来彼如来授名[illegible]作菩

薩阿耨多羅三藐三菩提記

南无善住世界名百一千光明如来彼如来授名

勝光明菩薩阿耨多羅三藐三菩提記

南无共光明世界名千上光明如来彼如来授名

普光明菩薩阿耨多羅三藐三菩提記

南无多伽羅世界名智光明如来彼如来授

名善眼菩薩阿耨多羅三藐三菩提記

南无香世界名寶勝光明如来彼如来授名

无量光明菩薩阿耨多羅三藐三菩提記

次礼十二部尊經大藏法輪

南无首楞嚴經　南无菩薩夢經

南无菩薩神通變化經　南无法界體性經

南无密藏經　南无般法經

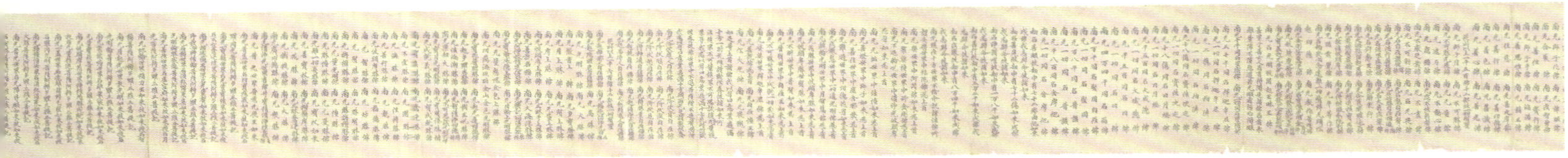

南无首楞嚴經　南无菩薩夢經
南无菩薩神通變化經　南无法界體性經
南无密藏經　南无般法經
從此以上一千七百佛十二部經一切賢聖
南无起日月經　南无中本起經
南无无量壽經　南无百論經
南无寶梁經　南无善王皇帝經
南无發菩提心經　南无决罪福經
南无大乘方便經　南无法句經
南无蜜跡王經　南无虛空藏經
南无辟支佛緣經　南无淨業障經
南无温室洗浴經　南无太子讚經
南无睒經　南无光瑞經
南无法門律經　南无衆要阿毗曇經

南无三受然　南无三壽无量然

総礼十方諸大菩薩

南无妙光菩薩　南无无邊光菩薩

南无无量明菩薩　南无勇力菩薩

南无普賢菩薩　南无勇智菩薩

南无度難菩薩　南无濟神菩薩

南无開化菩薩　南无淨智菩薩

南无无邊光菩薩　南无金剛慧菩薩

南无寶首菩薩　南无調慧菩薩

南无法藏菩薩　南无龍樹菩薩

南无淨藏菩薩　南无淨眼菩薩

南无大勢志菩薩　南无童真菩薩

南无戍道菩薩　南无度難菩薩

南无弥迦羅菩薩　[illegible]

BD00425　佛名經（十六卷本）卷二

南无□勢力菩薩　南无童真菩薩

南无成道菩薩　南无度難菩薩

南无弥陁羅菩薩　復次應禮辟支佛名

南无見人飛騰辟支佛　南无可波羅辟支佛

南无秦摩利辟支佛　南无月淨辟支佛

南无善智辟支佛　南无脩陁羅辟支佛

南无善法辟支佛　南无應求辟支佛

南无髻求辟支佛　南无大勢辟支佛

南无脩行不着辟支佛　南无難捨辟支佛

歸命如是等无量无邊辟支佛

礼三寶已次復懺悔

弟子等略懺煩惱障竟今當次第懺悔

業障大業雖在諸世趣士在處處是以恩

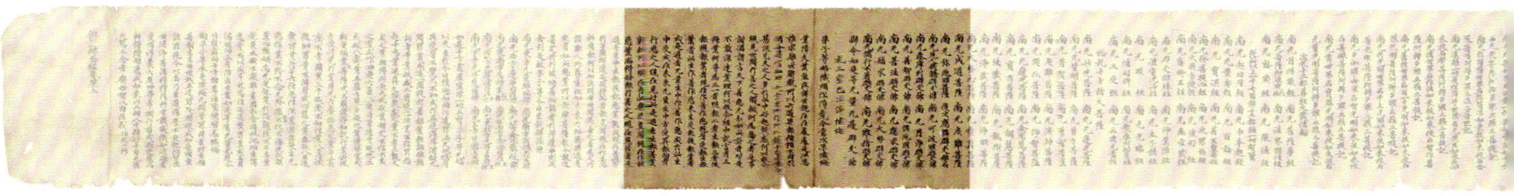

[illegible]所以六道果報種種不同形
類各異當知皆是業力所作所以佛十力中業力
甚深凡夫之人多於此中好起疑惑何以故尒
現見世間行善之人觸向轗軻為惡之者是事
諧偶謂言天下善惡无分如此計者皆是
不能深達業理何以故尒經中說言有三
種業何等為三一者現報二者生報三者後
報現報業者現在作善作惡現身受報生報
業者此生作善作惡來生受報後報業者
或是過去无量生中作善作惡或於此生
中受或在未來无量生中方受其報向者
行惡之人現在見好此是過去生報善業
熟故所以現在有此樂果豈關現在作諸
惡業而得好報行善之人現在見苦者是

寔由[illegible]
惡業而得好報行善之人現在見苦者是
過去生中生報後報惡業熟故現在善根力
弱不能排遣是故得此苦報豈開現在作善而
招惡報何以知然現世世間為善之者為人所
讚歎人所尊重故知未來必招樂果過去
既有如此惡業所以諸佛菩薩教令親近
善友共行懺悔善知識者於得道中則為
舍利是故弟子等今日至誠歸依佛
南无東方无量離垢佛　南无南方樹根花王佛
南无西方蓮華自在佛　南无北方金剛能破佛
南无東南方悉檀義勝佛　南无西南方金海自在王佛
南无西北方无邊法自在王佛　南无東北方无导香象王佛
南无下方无导慧幢佛　南无上方甘露上王佛

女身[illegible]盡虛空界一切三寶弟子等无始
以來至於今日積惡如恒沙造罪滿天地捨身
與受身不覺〻不知或作五逆深厚濁纏无
間罪業或造一闡提斷善根業輕誣佛語
謗方等業破滅三寶毀正法業不信罪福
起十惡業迷真反正癡惑之業不孝二親反
戾之業輕慢師長无禮敬業朋友不信不義
之業或作四重六重八重障聖道業毀犯五
戒破八齋業五篇七聚多缺犯業優婆塞戒
輕重垢業戒菩薩戒不能清淨如說行業前後
方便汙梵行業月无六齋懈怠之業年三長
齋不常修業三千威儀不如法業八万律儀
微細罪業不修身戒心慧之業春秋八王造
[illegible]

微細罪業不脩身戒心慧之業春秋八王造
衆罪業行十六種惡律儀業於苦衆生无
慈傷業不矜不念无矜慈(業)不扶不濟无救護
業心懷嫉妬无度彼業於怨親境不平等業
耽荒五欲不厭離業因衣食園林池沼生蕩
逸業或以盛年放恣情欲造衆罪業或善有
漏迴向三有障出世業如是等業无量无邊今
日發露向十方佛尊法聖衆皆悉懺悔
願弟子等承是懺悔无間等罪諸業所生福
善願生生世世滅五逆罪除闡提惑如是輕重
諸罪從今以去乃至道場誓不更犯恒習出
世清淨善法精持律行守護威儀如渡海者
愛惜浮囊六波羅蜜等常[illegible]

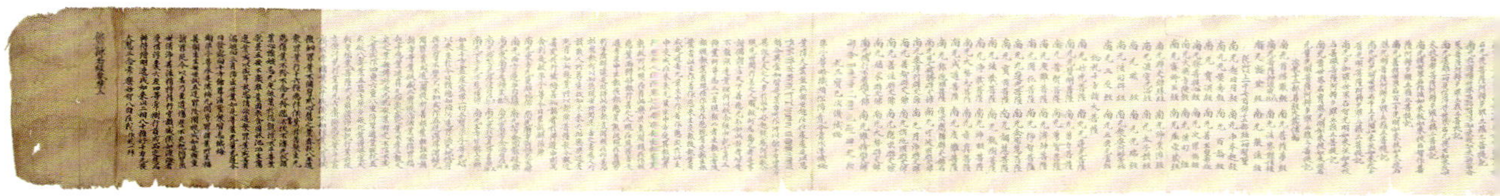

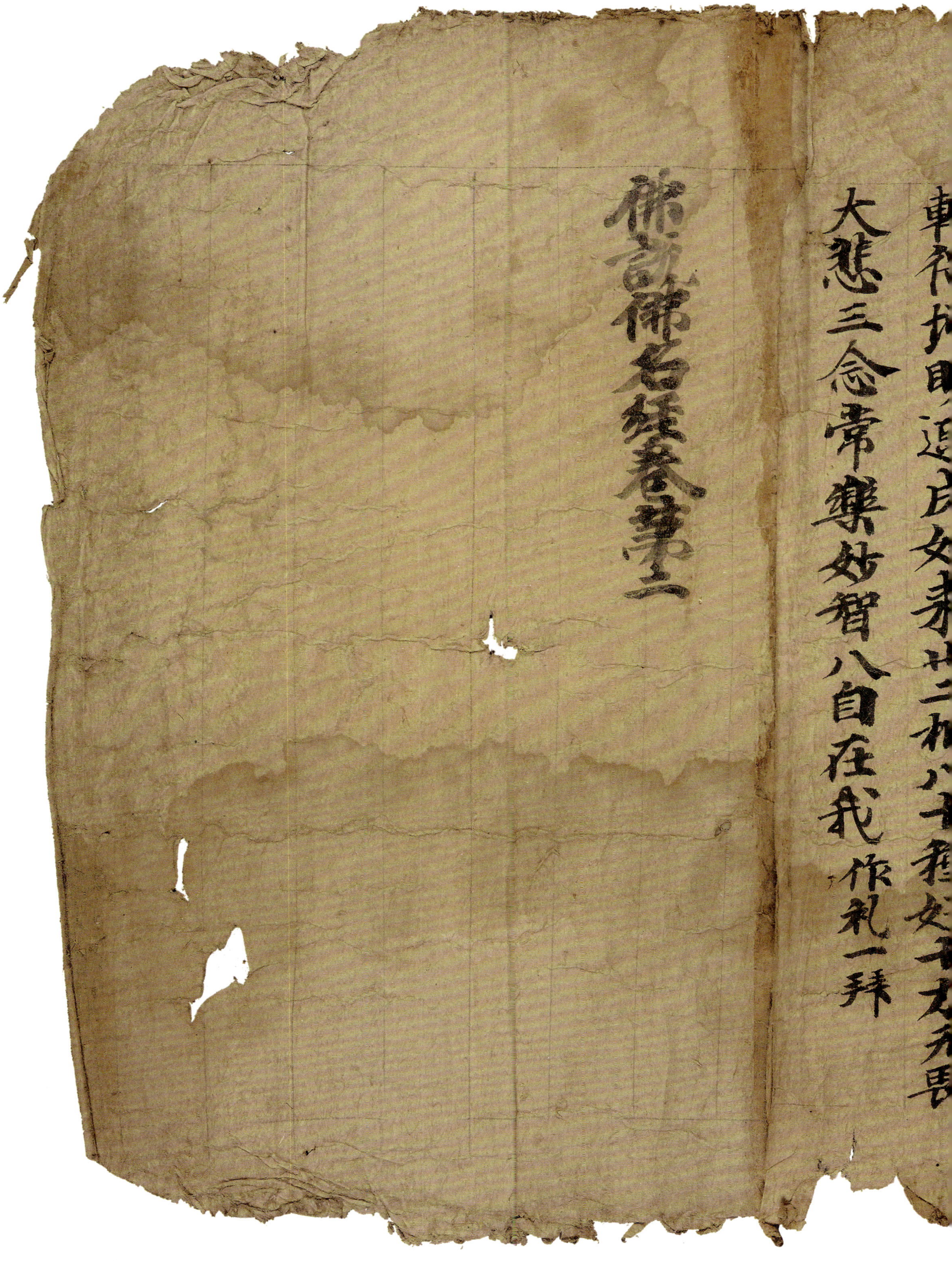

大悲三念常樂妙智八自在我 作礼一拜

佛説佛名經卷第二

BD00425　佛名經（十六卷本）卷二

BD00426

金剛般若波羅蜜經

（後秦）鳩摩羅什 譯

242.2cm × 24.5cm

以恒河沙等身布施
布施若復有人聞此經典信心
況書寫受持讀誦為人解說須
經有不可思議不可稱量无邊
大乘者說為發最上乘者說
讀誦廣為人說如來悉知是人
成就不可量不可稱无有邊不可
人等則為荷擔如來阿耨多羅
故須菩提若樂小法者著我見人見眾
見則於此經不能聽受讀誦為人解
在在處處若有此經一切世間天人
供養當知此處則為是塔皆應恭
以諸華香而散其處

復次須菩提善男子善女人受持讀誦
賤是人先世罪業應墮惡道以今世人
世罪業則為消滅當得阿耨多羅
提須菩提我念過去无量阿僧祇劫於
得值八百四千万億那由他諸佛悉皆
无空過者若復有人於後末世能受持讀誦
所得功德於我所供養諸佛功德百分不及一千
億分乃至筭數譬喻所不能及須菩提善男
善女人於後末世有受持讀誦此經所得功德
若具說者或有人聞心則狂亂狐疑不信須菩
當知是經義不可思議果報亦不可思議
尒時須菩提白佛言世尊善男子善
多羅三藐三菩提心云何應住云何降伏
菩提善男子善女人發阿耨多羅藐三菩
者當生如是心我應滅度一切衆生已而无有一

菩提善男子善女人發阿耨多羅 非三去
者當生如是心我應滅度一切衆生已而无有一
衆生實滅度者何以故若菩薩有我相人相衆生
相壽者相則非菩薩所以者何須菩提實无有法
發阿耨多羅三藐三菩提者
須菩提於意云何如来於然燈佛所有法得阿耨多
羅三藐三菩提不不也世尊如我解佛所說義佛
於然燈佛所无有法得阿耨多羅三藐三菩提佛
言如是如是須菩提實无有法如来得阿耨多羅
三藐三菩提須菩提若有法如来得阿耨多羅三
藐三菩提然燈佛則不與我受記汝於来世當得
作佛号釋迦牟尼以實无有法得阿耨多羅三藐三
菩提是故然燈佛與我受記作如是言汝於来世
當得佛号釋迦牟尼何以故如来者即諸法如義若
有人言如来得阿耨多羅三藐三菩提須菩提實

无有法佛得阿耨多羅三藐三菩提須菩提如來所
得阿耨多羅三藐三菩提於是中无實无虛是故
如來說一切法皆是佛法須菩提所言一切法者即非
一切法是故名一切法
須菩提譬如人身長大須菩提言世尊如來說人身
長大則為非大身是名大身須菩提菩薩亦如是
若作是言我當滅度无量衆生則不名菩薩何以
故須菩提實无有法名為菩薩是故佛說一切法
无我无人无衆生无壽者須菩提若菩薩作
是言我當莊嚴佛土是不名菩薩何以故如來
說莊嚴佛土者即非莊嚴是名莊嚴須菩提
若菩薩通達无我法者如來說名真是菩薩
須菩提於意云何如來有肉眼不如是
世尊如來有肉眼須菩提於意云何如來有天
眼不如是世尊如來有天眼須菩提於意云何

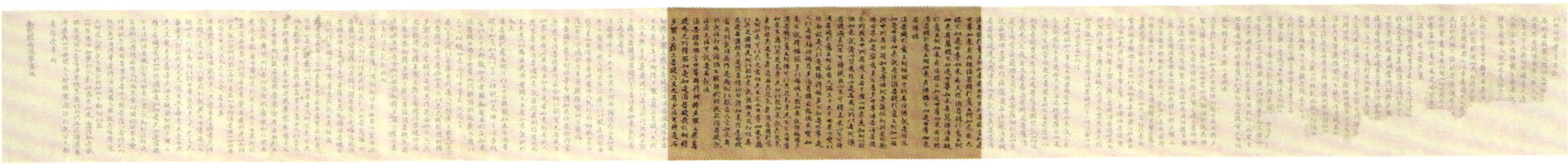

須菩提於意云何如來有肉眼不如菩提言如是
世尊如來有肉眼須菩提於意云何如來有天
眼不如是世尊如來有天眼須菩提於意云何
如來有慧眼不如是世尊如來有慧眼須菩提
於意云何如來有法眼不如是世尊如來有法眼
須菩提於意云何如來有佛眼不如是世尊如來
有佛眼
須菩提於意云何恒河中所有沙佛說是沙不
如是世尊如來說是沙須菩提於意云何如一恒
河中所有沙有如是等恒河是諸恒河所有沙數
佛世界如是寧為多不甚多世尊佛告須菩提
尒所國土中所有衆生若干種心如來悉知何以故
佛如來說諸心皆為非心是名為心所以者何須
菩提過去心不可得現在心不可得未來心不可得
須菩提於意云何若有人滿三千大千世界七寶以

用布施是人以是因緣得福多不如是世尊此
人以是因緣得福甚多須菩提若福德有實如
來不說得福德多以福德无故如來說得福德多
須菩提於意云何佛可以具足色身見不不也世尊
如來不應以具足色身見何以故如來說具足色
身即非具足色身是名具足色身須菩提於意
云何如來可以具足諸相見不不也世尊如來不應
以具足諸相見何以故如來說諸相具足即非具
足是名諸相具足須菩提汝勿謂如來作是念我
當有所說法莫作是念何以故若人言如來有
所說法即為謗佛不能解我所說故須菩提說
法者无法可說是名說法
須菩提白佛言世尊佛得阿耨多羅三藐三菩
提為无所得耶如是如是須菩提我於阿耨
多羅三藐三菩提乃至无有少法可得是名

提爲无所得耶如是如是須菩提我於阿耨
多羅三藐三菩提乃至无有少法可得是名
阿耨多羅三藐三菩提復次須菩提是法平等
无有高下是名阿耨多羅三藐三菩提以无我
无人无衆生无壽者脩一切善法則得阿耨多羅
三藐三菩提須菩提所言善法者如来說非善
法是名善法
須菩提若三千大千世界中所有諸須弥山王如是
等七寶聚有人持用布施若人以此般若波羅蜜
經乃至四句偈等受持爲他人說於前福德百分不
及一百千万億分乃至筭數譬喻所不能及
須菩提於意云何汝等勿謂如来作是念我當
度衆生須菩提莫作是念何以故實无有衆生
如来度者若有衆生如来度者如来則有我人
衆生壽者須菩提如来說有我者則非有我而

凡夫之人以為有我湏菩提凡夫者如来說即非
凡夫
湏菩提於意云何可以三十二相觀如来不湏菩
提言如是如是以三十二相觀如来佛言湏菩提
若以三十二相觀如来者轉輪聖王則是如来
湏菩提白佛言世尊如我解佛所說義不應以
三十二相觀如来尒時世尊而說偈言
若以色見我　以音聲求我　是人行邪道　不能見如来
湏菩提汝若作是念如来不以具足相故得阿耨
多羅三藐三菩提湏菩提莫作是念如来不以具
足相故得阿耨多羅三藐三菩提湏菩提汝若
作是念發阿耨多羅三藐三菩提說諸
法斷滅莫作是念何以故發阿耨多羅三藐三菩
提者於法不說斷滅相
湏菩提若菩薩以滿恒河沙等世界七寶布施

法斷滅莫作是念何以故發阿耨多羅三藐三菩
提者於法不說斷滅相
須菩提若菩薩以滿恒河沙等世界七寶布施
若復有人知一切法无我得成於忍此菩薩勝前
菩薩所得功德須菩提以諸菩薩不受福德故須
菩提白佛言世尊云何菩薩不受福德須菩提菩
薩所作福德不應貪著是故說不受福德
須菩提若有人言如來若來若去若坐若卧是人
不解如來所說義何以故如來者无所從來亦无
所去故名如來須菩提若善男子善女人以三千大
世界碎為微塵於意云何是微塵衆寧為多不
甚多世尊何以故若是微塵衆實有者佛則不
說是微塵衆所以者何佛說微塵衆則非微塵
衆是名微塵世尊如來所說三千大千世界則非
世界是名世界何以故若世界實有者則是一合相

如来說一合相即非一合相是名一合相須菩提一合相者
則是不可說但凡夫之人貪著其事
須菩提若人言佛說我見人見衆生見壽者見須
菩提於意云何是人解我所說義不世尊是人不
解如来所說義何以故世尊說我見人見衆生見
壽者見即非我見人見衆生見壽者見是名我
見人見衆生見壽者見須菩提發阿耨多羅三
藐三菩提心者於一切法應如是知如是見如是信解
不生法相須菩提所言法相者如来說即非法相是
名法相須菩提若有人以滿无量阿僧祇世界七寶
持用布施若有善男子善女人發菩薩心者持於此
經乃至四句偈等受持讀誦為人演說其福勝彼
云何為人演說不取於相如如不動何以故
一切有為法 如夢幻泡影 如露亦如電 應作如是觀

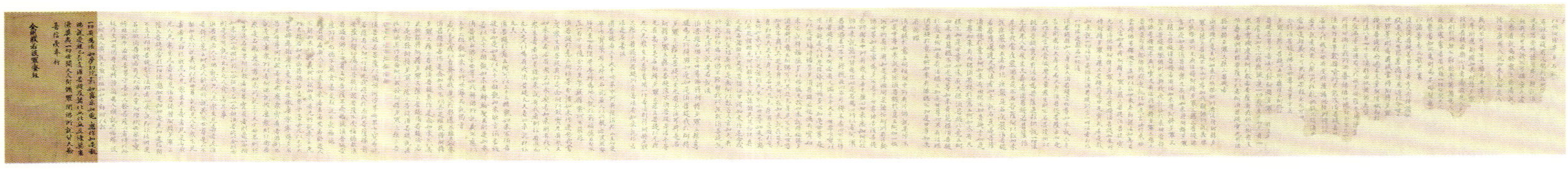

一切有為法　如夢幻泡影　如露亦如電　應作如是觀
佛說是經已長老須菩提及諸比丘比丘尼優婆塞
優婆夷一切世間天人阿脩羅聞佛所說皆大歡
喜信受奉行

金剛般若波羅蜜經

圖書在版編目（CIP）數據

中國國家圖書館藏敦煌文獻．第三〇册 / 中國國家圖書館編．—北京：國家圖書館出版社，2023.12

ISBN 978-7-5013-7905-7

Ⅰ．①中… Ⅱ．①中… Ⅲ．①敦煌學—文獻 Ⅳ．①K870.6

中國國家版本館 CIP 數據核字（2023）第 217356 號

書　　名　中國國家圖書館藏敦煌文獻·第三〇册
著　　者　中國國家圖書館　編
項目統籌　魏　崇　殷夢霞
責任編輯　黄　鑫　程魯潔　潘　竹　苗文葉
責任校對　劉　倩　王　衡

出版發行　國家圖書館出版社（北京市西城區文津街 7 號　100034）
（原書目文獻出版社　北京圖書館出版社）
010-66114536　63802249　nlcpress@nlc.cn（郵購）
網　　址　http://www.nlcpress.com
排版印裝　天津裕同印刷有限公司
版次印次　2023 年 12 月第 1 版　2023 年 12 月第 1 次印刷

開　　本　787×1092　1/8
印　　張　41.5
書　　號　ISBN 978-7-5013-7905-7
定　　價　2800.00 圓